高校党建与思想政治工作研究

王 婷 著

图书在版编目(CIP)数据

高校党建与思想政治工作研究/王婷著.--北京：中国书籍出版社,2024.10.
--ISBN 978-7-5241-0114-7
Ⅰ.D267.6;G641
中国国家版本馆 CIP 数据核字第 2024LP8270 号

高校党建与思想政治工作研究

王 婷 著

策划编辑	成晓春
责任编辑	毕 磊
封面设计	守正文化
责任印制	孙马飞 马 芝
出版发行	中国书籍出版社
地 址	北京市丰台区三路居路 97 号(邮编:100073)
电 话	(010)52257143(总编室) (010)52257140(发行部)
电子邮箱	eo@chinabp.com.cn
经 销	全国新华书店
印 刷	北京市怀柔新兴福利印刷厂
开 本	710 毫米×1000 毫米 1/16
字 数	201 千字
印 张	10.25
版 次	2025 年 5 月第 1 版
印 次	2025 年 5 月第 1 次印刷
书 号	ISBN 978-7-5241-0114-7
定 价	68.00 元

版权所有 翻印必究

前 言

随着我国经济水平的提升,社会进入信息化时代,教育行业党建与思想政治工作发生了质的变化。在高校工作系统中,党的建设是核心与统领,思想政治工作是重点和关键。二者相互依存、相辅相成,构成辩证统一关系。因此要站在新时代的历史新方位,必须深刻认识党建与思想政治工作对高校高质量发展的重要作用,深刻认识高校党建与思想政治工作的规律性,贯彻落实工作的各项要求,坚持为党育人、为国育才。

本书从高校党建综论、高校党建工作载体研究、高校党建工作理念研究、新时代高校思想政治教育工作原理、高校思想政治理论课教学方法改革研究几个方面,对高校党建与思想政治建设进行了研究,希望为相关工作提供一定的参考价值。

由于笔者水平有限,书中不妥之处敬请广大读者不吝指正。

目 录

第一章　高校党建综论……………………………………………… 1
　　第一节　党的组织体系建设……………………………………… 1
　　第二节　高校党建的思想………………………………………… 11
　　第三节　高校党建的发展历程…………………………………… 18

第二章　高校党建工作载体研究…………………………………… 34
　　第一节　利用主渠道空间加强党校建设………………………… 34
　　第二节　利用社会实践活动促进党建工作……………………… 35
　　第三节　利用虚拟网络为载体的网络性创新…………………… 42

第三章　高校党建工作理念研究…………………………………… 54
　　第一节　坚持以人为本的理念…………………………………… 54
　　第二节　确立全员育人的理念…………………………………… 59
　　第三节　牢固树立创新的理念…………………………………… 65

第四章　新时代高校思想政治教育工作原理……………………… 69
　　第一节　思想政治教育主体间性的结构与演化………………… 69
　　第二节　网络文化与思想政治教育的相互影响………………… 89
　　第三节　高校思想政治教育的观念及创新……………………… 103
　　第四节　高校思想政治教育的使命及任务……………………… 108

第五章　高校思想政治理论课教学方法改革研究……………… 111
　　第一节　高校思想政治理论课教学方法体系改革的形势……… 111
　　第二节　高校思想政治理论课教学方法体系改革的依据……… 118
　　第三节　高校思想政治理论课教学方法体系的主要内容……… 135

参考文献………………………………………………………………… 155

第一章 高校党建综论

党建是一个动态的发展过程。党建的内涵十分丰富,包含党建工作的方方面面。党建的内涵具有鲜明的政党性和实践性,指导党组织在不同时代、不同情况下的工作与活动。深刻理解和全面把握其内涵,是我们做好高校党建工作的前提。党建的全称是"党的建设"。广义上党的建设,指的是政党为完成自身的使命而进行领导国家、社会和提高自身生机和活力的理论和实践活动。而狭义的党的建设,则被界定为政党的自身建设,包括政治建设、思想建设、组织建设、作风建设等。中国共产党作为中国的执政党,其执政地位决定了党是中国特色社会主义建设事业的领导核心,是肩负中华民族伟大复兴历史使命的使命型政党。

第一节 党的组织体系建设

党的组织工作是党的建设的重要组成部分,是以领导班子和干部队伍建设、党的基层组织和党员队伍建设、人才队伍建设为主要内容的全部实践活动。

一、基本含义及作用

(一)基本含义

中国共产党是按照马克思主义原则建立起来的,具有统一完备组织体系的无产阶级政党。建立了由党的中央组织、地方组织和基层组织构成的严密组织体系,既有各自的组织形式和职责任务,又按照民主集中制这一根本组织制度和原则要求,形成统一的有机整体。组织体系是我们党的肌体的"骨骼"和"神经网络",决定着党的生命和党的力量。

党的组织体系包括党中央和党的地方组织构成的组织系统和组织层级,包括党组和党员构成的组织系统要素。

1. 党的中央组织

党的中央组织是全党的最高领导机关,享有最高的决策权和监督权。党的中央组织主要包括党的全国代表大会、中央委员会、中央政治局、中央政治局常务委员会及其办事机构。党的中央组织是大脑和中枢,党中央必须有定于一尊、一锤定音的权威。

2. 党的地方组织

党的地方组织是指党的省、自治区、直辖市,设区的市和自治州以及县(旗)、自治县,不设区的市和市辖区的代表大会和它们所产生的委员会,还包括经党代表大会选举产生的纪律检查委员会。党的地方组织担负着不同地区党的领导工作,在中央和基层组织之间起着承上启下和上传下达的作用。党的地方组织的根本任务是确保党中央决策部署贯彻落实,有令即行、有禁即止。

3. 党的基层组织

党的基层组织包括党的基层委员会、总支部委员会和支部委员会。它是根据工作需要和党员人数,经上级党组织批准而建立起来的。党章规定,党的基层组织是指在企业、农村、机关、学校、科研院所、街道社区、社会组织、人民解放军连队和其他基层单位建立的党的组织,凡是有正式党员三人以上的,都应当成立党的基层组织。党的基层组织是党的肌体的"神经末梢",要发挥好战斗堡垒作用,是党的全部工作和战斗力的基础,是党联系群众的桥梁和纽带,是贯彻执行党的路线、方针和政策的基础,也是提供决策信息的基础。

党组是党在中央和地方国家机关、人民团体、经济组织、文化组织和其他非党组织的领导机关中设立的党的组织。党组在党的组织体系中具有特殊地位,要贯彻落实党中央和上级党组织决策部署,负责贯彻执行党的路线、方针、政策;讨论和决定本单位的重大问题;做好干部管理工作;团结党外干部和群众等工作,发挥领导核心作用。

每个党员特别是领导干部都要强化党的意识和组织观念,自觉做到思想上认同组织、政治上依靠组织、工作上服从组织、感情上信赖组织。

(二)作用地位

党的根基在于组织,党的力量也在于组织,组织建设是党其他方面建设的基础,事关党的建设的支撑承担者和创新推动者,事关党能否成为中国特色社会主义事业的坚强领导核心。

1. 原则要求

一般说来,党的组织建设总是围绕党的路线方针政策贯彻落实而展开,为实现党的有效领导提供组织保障。这种组织保障的表现主要在于党内与党外两个方面:在党内要保证党中央决策的落实与执行;在党外要为有效动员社会和动员群众提供保障。组织路线是政党进行组织工作的根本原则和根本方针。组织路线为政治路线服务,是由政治路线决定的。组织路线在思想路线和政治路线的基础上制定,是实现思想路线和政治路线的保证。中国共产党的组织路线,包括健全民主集中制,改善组织机构和干部制度,按照德才兼备的原则选拔干部,维护党的纪律,坚持党员标准,积极慎重发展党员,加强党与人民群众的联系等。

2. 实践意义

我们党之所以能成为中国特色社会主义事业的领导核心,确保党中央的决策部署不折不扣贯彻落实,就在于有以习近平同志为核心的党中央的坚强领导,就在于有一套环环相扣、严密有序的组织体系和强大的组织能力。"以组织体系建设为重点",充分体现了我们党作为马克思主义政党一贯重视组织建设的本质要求,更加突出了党的组织体系建设在党的建设中的基础地位和支撑作用。

二、历史沿革

中国共产党的历史,就是一部党组织、党员、群众共同奋斗的历史,是一部党重视组织体系建设、充分发挥组织力量的历史。我们党以马克思列宁主义的建党学说为指针,以俄国布尔什维克党为榜样,从它创立时起就十分重视其组织结构的营建,党通过建立从中央到地方再到基层的组织机构,规定其组织原则、组织体制、组织形式、组织纪律以及党内生活的各项制度,采取积极措施发展党员和提高党员素质等,构筑了一个较为完整的组织结构体系。

中国共产党的组织结构经历了由小到大、由不健全到相对完善的发展过程。

(一)形成与确立:新民主主义革命时期

中国共产党创立的组织基础源于各地的共产主义小组。中国共产党成立后,又在这些小团体基础上组建了八个地方党组织,中共湘区工作委员会、中共广东区执行委员会、中共武汉执行委员会、中共北京区执行委员会、中共北京地方执行委员会、中共济南支部的前身,可以说都是相应地方的共产主义小组。

1921年7月,党的第一次全国代表大会通过具有党章性质的中国共产党第一个纲领,宣告中国共产党的诞生。规定了党的名称、性质和纲领。就党的性质、奋斗目标和党的组织结构、组织工作制度、组织纪律,以及党员条件、接收党员的办法等做出了规定。其中第三条明确规定"我们党承认苏维埃管理制度",即采用委员会制度,并笼统地规定了党的地方委员会和中央执行委员会的构成条件。这是党关于自身组织系统的最早规定。

1922年7月,党的第二次全国代表大会通过《中国共产党章程》,详细规定了党员条件和入党手续,党的组织系统和结构,以及包含民主集中制基本思想的党的组织原则、纪律和制度。党章中专列有"组织"一章,并在"组织""会议""纪律"三章中,对党的组织原则、各级组织的机构和职权做了比较具体的规定。党的自下而上的组织系统是：地方支部（下设组）、地方执行委员会、区执行委员会、中央执行委员会及全国代表大会，其中全国代表大会和中央执行委员会为党的最高机关。

1923年6月，党的第三次全国代表大会通过《中国共产党中央执行委员会组织法》，对党中央的组织结构、职权分工、工作制度做了明确规定。

1924年5月，中共四届扩大执委会决定设立中央组织部，毛泽东同志任第一任部长。随后，中央召开第一次扩大执行委员会会议，通过《党内组织及宣传教育问题议决案》，强调要重视在产业工人中吸收党员，在"数量上及质量上"加强党的组织建设。

1925年1月，党的第四次全国代表大会通过《对于组织问题之议决案》，首次将党的最高领导人由委员长改为中央执行委员会总书记，把党的三大党章中规定的"凡有党员五人至十人均得成立一小组"改为"凡有党员三人以上均得成立一支部"。此外，党的四大还决定正式成立中央组织部。提出了加快发展党员、建立和健全支部组织、巩固党的纪律的要求，并决定加强中央组织部的工作，以改变中央对地方组织指导不力的状况。随后中央组织部发布了第一份《工作进行计划》，第一次明确了中央组织部的中心工作任务，在党的一大至四大期间，由于高度重视组织建设和组织工作，处于幼年时期的中国共产党迅速发展壮大，由最初的50多名党员发展成为全国范围的、拥有57000多名党员的政党。

鉴于当时中国共产党的组织已经向全国发展，党的五大党章把党的组织体系分为"党的中央机关""省的组织""市及县的组织""区的组织""党的支部"并分别单列成章，对其产生程序及职权做了详细规定。五大党章还规定由中央委员会选举产生党的总书记和中央政治局，职责为"指导全国一切政治工作"；同时，中央政治局互推若干人组成中央常务委员会，处理党的日常事务。为维护和执行党的纪律，五大党章首次规定"在全国代表大会及省代表大会选举中央及省监察委员会"。

第二次国内革命战争时期，是以毛泽东同志为代表的正确政治路线逐步战胜"左"倾机会主义路线,毛泽东建党思想形成和发展,并逐步在党内占主导地位的时期,也是党的组织建设和组织工作逐步摆脱困难局面,取得明显进步和成就的重要时期。

1928年7月,因国内形势恶化,党的六大在苏联召开,受苏联共产党和共产国际的影响,党的六大党章中大部分内容照搬了苏联共产党党章,但在组织系统中增加了"党的全国大会""审查委员会"等章节。值得注意的是,六大党章还首次规定,中央委员会可以根据需要,在数省范围内成立中央执行局或中央特派员以指导各党部工作,丰富了党的建设,特别是组织建设的内容。

1929年12月,由毛泽东同志主持召开的红四军第九次党代会(古田会议),正确回答了如何把党的思想建设与组织建设紧密结合起来的问题,提出了努力改造党的组织,务使党的组织确实能担负党的政治任务的要求,从严格党员标准、提高党员质量、健全党的组织等方面,提出了加强党的组织建设的具体措施。古田会议对巩固和发展党的组织产生了极大的指导和促进作用。

七大党章中对党的各级组织构成、职权、任务做了更为具体、充实的规定。譬如,增加了中央书记处的条文,规定由中央委员会全体会议选举中央政治局和中央书记处,并选举中央委员会主席一人(中央委员会主席即为中央政治局主席与中央书记处主席);增加了"党的地下组织"章节,并重新增写了"党的监督机关"一章,明确了中央及地方监督机关的任务与职权,即决定或取消对党员的处分,受理党员的控诉。七大党章中关于党的组织原则、组织制度的表述,是党在民主革命时期组织建设经验的全面总结,标志着党在组织建设和理论方面的成熟。

1935年12月,中央政治局扩大会议(瓦窑堡会议)及1937年5月在延安召开的党的苏区代表会议,提出了一系列有关组织工作的指导思想、指导原则和目标任务,指出必须克服党内发展组织中"左"的关门主义倾向,在组织上去扩大与巩固党,使党变为一个共产主义的熔炉;保障共产党政治上、组织上的完全独立性和内部团结的一致性;培养、训练、造就成千上万的优秀干部,包括几百个最好的群众领袖等。这表明,从古田会议开始形成的毛泽东建党思想有了新的发展,党的组织工作进一步纳入正确轨道。

抗日战争时期,是中国新民主主义革命中一个非常艰难而又非常辉煌的时期,也是中国共产党的发展和建设取得辉煌成就的一个时期。在这个时期,党通过系统地总结建党以来的历史经验和科学地分析抗战局势,更深刻地认识了中国新民主主义革命的性质和规律,结合中国实际创造性地丰富和发展了马克思列宁主义的理论,制定了抗日民族统一战线的正确路线和政策;更深刻地认识了党的建设规律,把党的建设全面推向了一个新的阶段,形成了以马克思主义普遍真理同中国实际紧密结合为特征的毛泽东思想。"建设一个全国范围的,广大群众性的,思想上政治上组织上完全巩固的布尔什维克化的中国共产党"的指导思想,"政治路线确定之后,干部就是决定的因素"的科学论断,"任人唯贤"的干部路线和"德才兼备"原则等,为当时党的组织建设和组织工作指明了方向。

解放战争时期,是我们党领导全国人民同国民党反动派进行决战的时期。为了保证解放战争的胜利,党在组织建设上做出一系列重大决策。

从抗战结束到全国基本解放,中国的革命斗争形势呈现出大变动、大发展的特征。上述的历史性特点,对党的组织建设提出了与民主革命其他阶段不同的要求。一方面要使党的组织适应急剧变动的革命形势,为解放战争的胜利提供组织保障;另一方面则要为党在全国执政,迎接中国历史发展新纪元的到来做好组织准备。党的组织体系建设主要涉及六个方面:其一,中央层面的调整和革新。根据形势变化,适时地调整并革新中央领导机构,调整和健全中央派出机构等。其二,地方层面的调整和健全。在绝大多数省、区、市建立和健全地方党的组织体系、军事组织和人民民主政权体系。其三,党的基层组织层面的调整和革新。通过武装斗争以及党内外各项革命运动的考验,诸如土地改革、整党运动等,建设党的基层组织和发展党员队伍。其四,党的队伍纯洁性建设。在党的各级组织与党员队伍迅速发展过程中,开展整党以及其他活动,加强对党员的

高校党建与思想政治工作研究

政治思想教育,改进干部的作风,纯洁党的队伍。其五,党的干部队伍建设。根据形势发展的需要,培训、提拔和调配大批干部,以强化党的领导,巩固党的各级组织。其六,加强党的组织制度建设,特别是健全党的民主集中制。通过党的制度建设,规范党的组织行为和党内关系,规范党的决策行为。

(二)探索与发展:社会主义革命和建设时期

新中国的成立揭开了中国历史的新篇章。我们党从此成为在全国范围内执掌政权的党,党的组织工作也进入了新的历史时期,尽快建立起一套严密的组织体系成为工作的重中之重。

为适应巩固政权和恢复、发展经济的需要,我们党于1950年秋冬,在全党范围内进行了一次以克服干部队伍中存在的骄傲自满、官僚主义、命令主义等不良作风,密切党群、干群关系,巩固和发展党的组织为中心内容的整风运动。

根据1951年3月底至4月上旬召开的第一次全国组织工作会议部署,于1951年至1954年有组织、有计划、有准备、有领导地对党的基层组织进行了一次普遍整顿。对党员队伍中的不纯分子和消极落后分子进行了清理,同时开展发展新党员和建立新的基层党组织工作。

1956年9月,八大党章中提出"党的基层组织"概念,在"党的中央组织"一章中,增加了关于中央政治局常务委员会的规定,并规定中央委员会全体会议选举中央委员会主席一人、副主席若干人和中央总书记一人,必要的时候,可以设立中央委员会名誉主席一人。八大党章中还规定,省、自治区、直辖市委员会的全体会议选举常务委员会和书记处,县、自治县、市委员会在有必要的时候也可以选举书记处,在常务委员会的领导之下,处理日常工作。对党总支部、支部和小组的建制、职能、产生办法进行了明确规定。

九大党章取消了中央书记处、中央监察委员会等组织,规定在中央主席、副主席和政治局常委领导下,设立若干必要的精干机构,统一处理党、政、军的日常工作。此外,对党的地方组织、基层组织的规定内容也极为粗略。

十一大党章提出要设立各级纪律检查委员会,党的各级组织逐步恢复正常。

(三)修复与优化:改革开放和社会主义现代化建设时期

十一届三中全会后,我国进入了改革开放和社会主义现代化建设新的历史时期。在拨乱反正的过程中,党的组织体系有了很大的调整与变革。党重新确立了正确的思想路线、政治路线,党的组织路线也转变到"一个中心、两个基本点"的基本路线上来。组织战线紧紧围绕党的中心任务,开展了大量卓有成效的工作:平反冤假错案,落实党的政策,极大地调动了广大党员和干部投身改革开放和现代化建设的积极性;恢复和健全民主集中制,大力发展民主,健全党规党法,使党的政治生活日益正常和活跃;提出了新时期干部队伍"革命化、年轻化、知识化、专业化"方针,废除实际存在的领导职务终身制,推进新老干部合作与交替,一大批德才兼备的年轻干部陆续走上各级领导岗位,各级领导班子和干部队伍的整体素质有了很大提高,结构有了很大改善;以"统一思想,整顿作风,加强纪律,纯洁组织"为主要内容,分期、分批开展全面整党,较好地推动了党的建设。

1982年,党的十二大通过的党章是以党的七大、八大党章为基础重新制定的一部新党章。把党的组织体系分为"党的中央组织""党的地方组织""党的基层组织",为我们党的组织体系建设奠定基本的框架和结构,并沿用至今,为建设完善的组织体系发挥了极为重要的作用。将"党的纪律检查机关"单独列为一章;新增了中央书记处,党中央实行总书记制,中央委员会总书记负责召集中央政治局会议和中央政治局常务委员会会议,并主持中央书记处工作;新增了对中央顾问委员会、中央纪律检查委员会、中央军事委员会的规定,党章对党的地方组织和基层组织也做了更为科学的规定。

1983年10月,党的十二届二中全会通过《中共中央关于整党的决定》。从1983年下半年至1987年结束,在全党范围内开展了一次整党运

高校党建与思想政治工作研究

动,解决了党内实际存在的思想不纯、作风不纯和组织不纯的问题。1987年10月,党的十三大党章中最为重要的修改是将中央书记处规定为中央政治局常务委员会的办事机构。对干部人事制度改革提出新的目标和要求,积极对各类人员实行分类管理,为此后干部分类制度的改革指明了方向。这一时期,《关于高级干部生活待遇的若干规定》《关于建立民主评议党员制度的意见》等党内法规的颁布实施,标志着中国共产党在使用制度手段来加强组织体系建设上又前进了一大步。

20世纪90年代初,面对国内外政治形势的严峻考验,党的组织体系建设以党的政治路线为中心,以干部选任规范化和保障党员权利为抓手,以农村和国企党组织建设为重点,深化了单项领域改革,拓展了发展的新领域。《中国共产党地方组织选举工作条例》《中国共产党党员权利保障条例(试行)》《党政领导干部选拔任用工作条例》等党内法规的颁布,进一步加强了党的民主集中制建设。《中共中央关于加强农村基层组织建设的通知》《关于进一步加强和改进国有企业党的建设的通知》出台,进一步加强党的基层组织建设,不断拓宽党的工作覆盖面。

(四)拓展与深化:中国特色社会主义新时代

党的组织体系在与时俱进、改革创新中逐步推进。一方面,针对城镇化速度越来越快,新经济组织和新社会组织越来越多及"单位人"大量转为"社会人"的现实,积极扩大党的群众基础,党组织高度重视在"两新"组织中的发展,并加大了在非公有制企业、社会团体和社会中介组织中建立党组织的工作力度。另一方面,2009年9月党的十七届四中全会提出推进学习型党组织建设,开展以创建先进基层党组织、争当优秀共产党员为主要内容的"创先争优"活动。同时,在坚持和健全民主集中制的过程中积极发展党内民主和重视党内监督,在深化干部人事制度改革中要强化"民主、公开、竞争、择优"的价值导向,废止了原有的"伯乐相马"式的干部选拔方式,进一步激发了组织的生机与活力。

(五)成熟与升华:新局面、新发展时期

进入新时期以来,从执政使命的实践要求出发,以习近平同志为核心

的党中央不是采用惯性思维解决鲜活问题,而是将党的组织体系建设放在提高执政党的建设质量的高度,使党要管党、从严治党得以强化。党始终坚持以政治建设为统领,把"两个维护"作为根本原则、核心要求和鲜明主线贯穿组织体系建设的各方面,使党的组织体系在"硬件设施"建设上日益完备,促进了党内团结,增强了组织力量。党组在党的组织体系中具有特殊地位,要贯彻落实党中央和上级党组织决策部署,同时要抓紧抓实基层党组织建设,至此推动形成了更加健全而严密的组织体系。新时代党的组织路线聚焦当前党的组织工作重难点问题,与时俱进地解决了党的组织建设中的重大理论与现实问题,深刻回答了新时代党的组织工作的前进方向与实现路径,是刀刃向内、自我革命的具体体现,能够做到组织建设的实际需求与举措供给契合匹配,使得组织路线服务政治路线有的放矢、目标明确,推进党和国家各项事业向前发展。目前,党的组织体系不断完善,目标要求更加明确,凝聚着党的组织建设力量,各项改革举措采取重点着力、系统推进的办法予以落实,且呈现出一定的效果,组织建设实践的高效性日益显现。

第二节 高校党建的思想

一、历代党的领导人关于高校党建的论述

自新中国成立以来,党的历代领导人都特别重视高校党的建设,并创造性地提出了一系列新思想,丰富并发展了马列主义党的建设理论,为高校党的建设作出了重大贡献。

(一)关于高校党的政治建设的重要论述

重视从政治上建设党,是高校党的建设历来的优良传统。在新中国初期,毛泽东同志就指明了学校教育的政治方向,教育是为人民服务。党的领导是教育的人民性质和社会主义性质的根本保障。毛泽东同志非常关注高校党的建设,他在视察天津大学时指出:"高等学校应抓住三个东

西：一是党委领导，二是群众路线，三是把教育和生产劳动结合起来。"在党对高校正确的领导下，为国家建设培养了大批有用人才。1978年改革开放后，邓小平同志在全国教育工作大会上指出："毫无疑问，学校应该永远把坚定正确的政治方向放在第一位。"保持正确的政治方向就要坚持党对高校的领导，坚持社会主义的办学方向。江泽民同志强调："在教育改革和发展中，要始终把坚定正确的政治方向放在首位。"进入新世纪，胡锦涛同志提出了科学发展观，并确立了以"一个主线、五大建设"为内容的党建工作总体布局，同时反复强调讲政治、顾大局、守纪律，进一步回答了如何建设执政党的问题。加强党的政治建设是我们党不断发展壮大的重要法宝，保持马克思主义政党的政治属性是必须坚持的、更是必要的，是我们党从胜利走向胜利的根本保证。

（二）关于高校党的思想建设的重要论述

毛泽东同志特别重视党员的思想教育，在其"掌握思想领导是掌握一切领导的第一位"的思想指导下，第一次高瞻远瞩地提出要把党的思想建设放在党的各项建设首位，全体党员只有系统学习科学的理论思想，才能全面提升自身的理论水平。1957年，毛泽东同志在上海干部大会上指出："学校教育，文学艺术，都是意识形态，都是上层建筑，都是有阶级性的。"他对学校意识形态重要性认识深刻，坚持马克思主义在高校意识形态的主流地位。后来邓小平同志冲破"两个凡是"思想的束缚，领导全党开展了关于"实践是检验真理的唯一标准"的思想大讨论，重新确立了"解放思想、实事求是"这一党的思想路线，使高校党的思想建设上有了新的发展，逐步从以阶级斗争为纲回到人才培养的根本任务上来。江泽民同志高度重视高校党的思想建设，要求高校坚持用马克思主义理论教育、武装全体党员，他在会见第六次全国高校党建工作会议代表时强调，教育战线的同志们要坚持用马列主义、毛泽东思想和邓小平建设中国特色社会主义理论武装干部、党员和全体师生。胡锦涛同志指出："思想理论建设是党的建设根本"，强调要加强对全体共产党员的理想信念教育，号召全党同志要坚定共产主义远大理想信念，学习社会主义核心价值体系，践行社会主义荣辱观。

(三)关于高校党的组织建设的重要论述

毛泽东同志非常重视高校党的组织建设,特别是高校党委班子建设,他在1953年5月中央政治局讨论高教部、教育部请示报告时指出:"办好学校,首先要解决学校的领导骨干问题,如果没有一个从教员中、职员中、学生中按照实际形成的(不是勉强凑集的)最积极最正派最机敏的几个人乃至十几个人的领导骨干,这个学校就一定办不好"。可见,毛泽东同志对高校党委领导班子建设十分重视。这次会议决定从宣教部门、青年团抽调干部充实大学的领导。它关系到党在高校领导作用的发挥,是能否办好我国高等学校的关键。邓小平同志很重视高校的领导体制问题。1978年3月22日,邓小平同志同刘西尧谈话时指出:"党委领导下的校长分工负责制,就是校长应当真正有权。北大要在这方面积累经验,然后再整顿其他大学。"他旨在强调党委的领导,同时强调党委和校长的职责权限要分工明确。1977年8月8日,邓小平同志在同30多位著名科学家和教育工作者座谈会上指出,教育部门调整当中,第一位的是配备好领导班子。江泽民同志在1994年全国教育工作会议上指出:"关于学校的领导体制,实行党委领导下的校长负责制的高等院校,党委要对重大问题进行讨论并作出决定,同时保证行政领导充分行使职权。"着眼新形势下党的基层组织建设,胡锦涛同志强调要坚持和健全党的民主集中制,做到以党内民主带动人民民主。

(四)关于高校党的作风建设重要论述

1956年,毛泽东在中国共产党第八次全国代表大会上指出,我们必须用加强党内思想教育的方法,努力克服党内许多同志存在着的违反马列主义的观点和作风,努力克服思想上的主观主义、组织上的宗派主义和工作上的官僚主义等。邓小平同志根据我们党所处的国际国内环境变化,对我们党的作风进行了继承、创新、丰富和发展,提出了"批评与自我批评""谦虚谨慎、戒骄戒躁、艰苦奋斗"等方面的优良传统和作风,他特别指出:"学校应该始终将无产阶级的优良作风的引导放在首位。"胡锦涛同志强调党风不仅事关党的形象,更关乎党和人民事业的成败,全党必须大兴密切联系群众之风、大兴求真务实之风、大兴艰苦奋斗之风,以优良的党风带动社风和民风向上向好。站在新的历史时期,只有不断适应新的发展要求,加强理论创新和实践创新,才能使党的作风建设内涵不断丰富深邃,把党的作风建设提到了崭新高度。

(五)关于高校党的纪律建设的重要论述

纪律是党的生命线。注重纪律建设是高校党的建设光荣传统和独特的优势,我们的党就是靠革命理想和铁的纪律组织起来的马克思主义政党。毛泽东同志强调"路线是'王道',纪律是'霸道',这两者都不可少",并鲜明提出"加强纪律性,革命无不胜"的著名论断,严明的纪律成为高校党的建设的成功经验。邓小平同志指出:"我们这么大一个国家,怎样才能团结起来、组织起来呢?一靠理想,二靠纪律。组织起来就有力量。没有理想,没有纪律,就会像旧中国那样一盘散沙,那我们的革命怎么能够成功?我们的建设怎么能够成功?"对高校党的建设,邓小平进一步强调要培养"有理想、有道德、有文化、有纪律"的"四有"新人,既要教育青年学生遵守纪律,又要教育党员干部遵纪守法。革命战争年代,我们党团结带领各族人民,推翻了三座大山,取得了革命胜利;建设年代,我们党发挥人民的智慧和力量,取得了改革开放的成功,靠的就是革命理想和铁的纪律保障。江泽民在党的十五大报告中指出:"要坚持标本兼治,关键在于加强和完善党的监督,从体制机制、政策法规及管理等方面积极推进改革,要求进一步加强党的纪律检查工作,着力从源头上预防和治理腐败。"胡锦涛同志指出:"充分认识反腐败斗争的长期性、复杂性、艰巨性",要把"反腐倡廉建设"放在更加突出的位置,建立和完善对权力运行的监督和制约机制。进入新时代,我们党面临的"四大考验"的长期性和复杂性、"四种危险"的尖锐性和严峻性依然存在,哪一个解决不好,都会损害党的执政基础,危及党的执政地位。加强高校党的纪律建设是我们党与时俱进的永恒课题,在任何时候、任何情况下全党同志都必须遵守党的纪律,使党的纪律真正成为统一的铁的纪律,推动高校全面从严治党向纵深发展。

政治建设、思想建设、组织建设、作风建设和纪律建设作为党的五大建设，彼此之间相互渗透、相互结合，构成党的建设完整统一的有机整体。在新时代，全党要增强紧迫感和责任感，把制度建设贯穿于党的五大建设之全过程中，不断提高党的建设质量，勇于自我革命、深入推进反腐败斗争，使我们的党在经受各种风浪考验后还能够永远走在时代前列、永远得到人民衷心拥护、永远保持朝气蓬勃的发展态势。

二、习近平总书记关于高校党的建设理论

习近平总书记站在党的建设新的伟大工程的战略高度，围绕"如何做好新时代高校党的建设"这个根本问题，形成了习近平新时代高校党的建设理论，这为新时代高校党的建设提供了遵循，指明了方向。

一是加强党对高校的领导。立足新时代，习近平总书记对中国共产党加强和改进高校党的建设，推进我国高等教育事业高质量发展作出了科学明确的指导。在党的十九大报告中，习近平总书记讲到"四个伟大"，即"伟大斗争""伟大工程""伟大事业"和"伟大梦想"，在这"四个伟大"中党的建设伟大工程起着决定性作用。高校党的建设是党的建设的重要组成部分，涉及诸多方面，是一项复杂的社会系统工程。习近平总书记指出："加强党对高校的领导，加强和改进高校党的建设，是办好中国特色社会主义大学的根本保证。"在中国共产党领导下的高校必须坚持中国特色社会主义的办学方向，完成"为党育人、为国育才"的重大使命，落实好立德树人根本任务，培养优秀的建设者和可靠的接班人。为了更好地牢牢掌握党对高校工作的领导权，习近平总书记进一步强调指出："办好我国高等教育，必须坚持党的领导，牢牢掌握党对高校工作的领导权，使高校成为坚持党的领导的坚强阵地。这一点任何时候都不能有丝毫动摇。"因此，高校要毫不动摇地立足党的建设大局，把抓好党的建设作为最大的政绩，"服务大局"，把党建设得更加坚强有力。

二是重视高校思想政治工作。"思想政治工作是学校各项工作的生

命线,各级党委、各级教育主管部门、学校党组织都必须紧紧抓在手上。"加强和改进高校思想政治工作,是习近平新时代高校党的建设理论和重要内容,是发展高等教育事业推动社会发展的迫切需要。高校是社会发展和变迁的"晴雨表",进入新时代,高校党的建设也面临着许多新的问题。在高校师生中表现得最为突出的就是社会转型时期,多元价值观对主流意识形态的冲击和挑战。中国的未来掌握在青年一代的手中,青年一代的理想价值信仰教育特别重要。因此,习近平总书记指出:"高校思想政治工作,面上看作的是学生思想政治工作,实际上将影响青年一代的思想观念、价值取向、精神风貌。所以,高校必须引导学生铸就理想信念、掌握丰富知识、锤炼高尚品格,打下成长成才的基础。"做好思想政治工作,这是党的群众工作的优良传统和政治优势,是我们的"传家宝",要坚持以学生为中心,做好高校思想政治工作。因此,高校要全面贯彻党的教育方针,加强党对高校的领导。以党建工作为统领,坚持育人为本、德育为先,把党建工作与思想政治工作结合起来,加强和改进思想政治工作,推动党建工作与思想政治工作"两促进、两提高",最终实现党建工作与思想政治工作双轮并进。

三是全面发挥党委领导作用。习近平总书记指出:"高校党委对学校工作实行全面领导,承担管党治党、办学治校主体责任,把方向、管大局、作决策、保落实。"高校党委要从整体上推进高校党的建设,切实担负起管党治党的主体责任,加强顶层设计,全面发挥党委领导作用,坚持和完善党委领导下的校长负责制。为进一步坚持和完善党委领导下的校长负责制,中共中央办公厅印发了《关于坚持和完善普通高等学校党委领导下的校长负责制的实施意见》。高等学校坚持社会主义办学方向的重要保证就是要坚持党领导下的校长负责制,这也是我们党对高等学校领导的根本制度。新时代加强高校党的建设,促进高等教育事业的发展,就是要在遵循党建客观规律的基础上,在政治、思想和组织三个方面着重加强党委对高等教育事业的领导作用。紧密围绕全面贯彻党的教育方针,落实立德树人根本任务,发展素质教育,推进教育公平,培养德智体美劳全面发展的社会主义建设者和接班人,全面提高党的领导力,促进高等教育事业高质量发展。

四是夯实基层党组织战斗堡垒。充分发挥高校中党的基层组织的战斗堡垒作用,夯实高校党建的基层组织基础,发挥师生党员先锋模范作用,增强高校党的基层组织活力和战斗力。习近平总书记指出:"要加强高校党的基层组织建设,创新体制机制,改进工作方式,提高党的基层组织做思想政治工作能力。要做好在高校教师和学生中发展党员工作,加强党员队伍教育管理,使每个师生党员都做到在党爱党、在党言党、在党为党。"青年教师和学生的发展是高等教育发展的基础性力量,高校要特别重视做好青年教师和学生的思想引导工作,加强青年教师和学生的思想政治建设,加大在青年教师和学生中发展党员的工作力度。高校更要把对学生的思想政治教育工作和加强自身党的建设有机结合起来,"必须围绕学生、关照学生、服务学生,不断提高学生思想水平、政治觉悟、道德品质、文化素养,让学生成为德才兼备、全面发展的人才。"高校当前党建工作的一项中心任务就是要立足基层,激发基层党组织内在活力,从纵向推动高校党建工作系统化高质量发展。

五是全面从严治党,加强高校巡视。推进全面从严治党向高校延伸,加快构建、协调推进"不敢腐、不能腐、不想腐"的有效机制,坚定不移地推动高校党风廉政建设向纵深领域拓展。习近平总书记指出:"要坚持问题导向,把深化高校改革和全面从严治党结合起来,明晰责任、完善制度、堵塞漏洞,确保高等教育事业始终沿着正确方向健康发展。"习近平总书记指出:"各级党委要把从严治党主体责任承担好、落实好,坚持党建工作和中心工作一起谋划、一起部署、一起考核,把每条战线、每个领域、每个环节的党建工作抓具体、抓深入,坚决防止'一手硬、一手软'。"高校党的建设情况,关乎党和国家的未来,党中央充分发挥巡视利剑的作用,对中管、部属及省属高校进行巡视,并听取了一些中管高校党委巡视工作汇报,有序推进高校巡视的"全覆盖",并"要以巡视整改为契机,严肃党内政治生活,加强高校领导班子建设,切实防范廉洁风险,营造风清气正的教书育

高校党建与思想政治工作研究

人环境"。习近平总书记关于新时代高校党的建设理论,为高校贯彻和执行全面从严治党的政治要求提供了理论指导和思想动力。

第三节 高校党建的发展历程

高校党的建设是党建理论在高校的具体实施,是党领导高等教育发展和高校自身党建工作的统一。高校党的建设简称"高校党建",是党的建设新的伟大工程的重要组成部分。回望党的建设的峥嵘历程,中国共产党的早期创始人大多是在接受近代高等教育和现代科学知识的过程中,学习了马克思主义政党学说,对无产阶级政党的性质、功能有了初步了解和探索,从而坚定了建党的信心。

建党之初,中国共产党把发展高校里的进步青年的影响力与战斗力放到了举足轻重的地位,高度重视提升高校青年的觉悟性和战斗性。新中国成立以来,我们党始终把加强和改进党对高校的领导,提高高校党的建设质量作为人民教育事业发展的基本保证和重要根基。中国特色社会主义进入新时代,高校党建工作体制不断完善,教育部成立了党建工作领导小组,高校系统各级党组织认真落实党建工作责任制,党员干部的党建意识显著增强,党的建设质量和党员队伍整体素质明显提升。

如今以习近平同志为核心的党中央正本清源,高度重申了党的政治属性和政治功能的首要性,形成了鲜明的政治导向,进一步明确提出"把党的政治建设摆在首位"。高校基层党组织作为高校党建的基础,所有工作落脚点在基层党组织,承担着党联系广大师生的桥梁纽带作用。因此,政治功能是其核心的首要的功能。高校高质量发展要围绕办好高等教育这一根本目标,首要的是必须坚持党的领导,要牢牢地掌握党对高校工作的领导权,使其成为坚持党的领导的坚强阵地。

中国共产党是以全心全意为人民服务为根本宗旨,坚持"以人民为中心"政治立场的政党,这一核心的政治价值与高校组织育人的价值理念存在着高度的内在契合,能够确保坚持社会主义办学的正确方向。因此,坚持党的领导是我国高校人才培养的先进性,是最契合中国独特的国情、党情和社情的治理模式,同时也呈现出有别于西方高等教育模式的显著特征和巨大优势。从高校基层党组织的本质属性审视,我们可以将其界定为特定形态的政治系统;而在高校组织育人中的"党建引领",可以被视为高校基层党组织的特定政治功能。政治系统的生存、发展和作用,需要通过不断获取信息、能量来达成;而这要求政治系统需要不断调适、优化自身的结构,也需要持续与外部环境进行良好、有效的互动。鉴于此,高校党组织实现"党建引领"政治功能的前提和关键,在于明确与外部环境展开良好互动的有效途径,即充分结合城市基层社会的治理逻辑,并将其融入党建引领高校组织育人的机制之中,以期实现"'党建引领'的政治功能"和"高校组织育人的实践"之间更为精准、有效衔接。一是要充分发挥党组织的核心作用,坚持完善育人主体,加强制度建设;二是构建组织协同育人体系,构建高校组织育人长效机制;三是拓展组织育人载体,育人形式与时俱进,以创新性为导向强化育人效果;四是加强党务工作队伍素质与能力建设,使能力与职位要求相吻合。

共产党成立之初的重要任务便是在党成立的组织工作中灌输阶级斗争精神,并努力向工人群众宣传马克思主义,提高广大工人的思想政治觉悟,这对于开展以工人为中心的革命斗争起到了积极推动作用。由于轰轰烈烈的大革命中途夭折,毛泽东吸收了南昌起义、秋收起义失败的经验教训,确定在江西永新三湾村改编部队,实行"支部建在连上",加强基层党组织建设,实现党对人民军队的绝对领导,建立健全各级党组织,开启了中国共产党独创性的思想政治教育。除了党组织内部教育,共产党还注重部队和群众的思想教育,主要包括两个方面:一是通过演讲、座谈、谈心等多种方式进行思想工作,坚定全体官兵的革命信心;二是在党员代表的指导下,进行宣传和组织工作,建立好军民之间的关系。抗日战争时期,中国共产党组织育人创造和积累了丰富的经验,尤其是抗日根据地的思想政治工作稳定民心,为全民作战提供了最坚强的后盾。在各个抗日根据地中大力发展干部教育,创办干部学校,如陕甘宁边区的中央党校、抗日军政大学、陕北公学等,其他根据地的各种干部学校和训练班等。这些干部学校为党组织培养了大量革命干部和理论人才,为抗战和群众运动提供了人力和智力支撑。面向更大范围的党员干部,党中央对其在工作岗位上进行在职教育,包括业务教育、政治教育、文化教育和理论教育,这是党组织育人工作的重中之重。特别是党的六届六中全会召开,在全党范围内号召学习马列主义理论,并要求将理论学习与革命实践结合起来,提升马列主义素养和思想修养,更好地认识和理解马克思主义的立场、观点和方法,坚定马列主义信仰和共产主义信仰。总的来说,抗战时期,中国共产党组织育人发挥了重要作用,继承并发展了马列主义政党建设理论,不仅坚定了共产党人和领导干部的共产主义信仰,更是聚集并领导广大人民群众同一切反革命做最坚决的斗争,取得了最终胜利。

中国共产党组织育人绝不仅仅是针对党员干部的思想政治教育,而是扩大思想政治教育的对象范围,对人民群众进行思想教育、宣传教育,唤醒民众,凝聚人心。为了发挥广大青少年在革命中的作用,中国共产党吸取列宁共产主义青年团的经验,针对青年建立起中国社会主义青年团,针对少年儿童建立起劳动童子团,是中国共产主义青年团和中国少年先锋队的最初形式,在中国共产党的指引下,不断投身于革命抗战,为取得革命胜利、建立新中国作出了巨大的贡献。在革命抗战时期,青年团和童子团的作用是改变青少年的生活现状,为其利益而努力奋斗,并帮助青少年养成革命精神。为了启迪青少年的思想,注重对青少年进行文化教育,使其学习政治、进行操练,所以,学习成为青年团和童子团进行育人的重要主题。新中国成立后,党组织育人转向同非无产阶级思想作斗争,对党的基层组织进行整顿,加强党员的思想建设和组织建设,并对知识分子进行思想改造,批判各种反马列主义思潮,提高思想政治觉悟,为新民主主义社会向社会主义社会和共产主义社会过渡夯实思想基础。关于共青团,毛泽东同志亲自主持共青团工作会议,强调学习是青年的突出任务,并指出两个重要问题:一是共产党应该如何领导共青团,二是青年团应该如何开展工作。这两个问题为新中国成立后党团关系奠定了重要的基础。在共青团开展的各种实践活动中,以学习"雷锋精神"影响力最大,其持续时间之长、影响范围之广,塑造了几代青少年,推动形成良好的道德品质。改革开放以来,中国社会主义建设事业进入新的发展阶段,党组织育人抛却阶级斗争,转移到解放思想上,为社会主义物质文明建设和精神文明建设服务。可以看出,在不同的历史时期,党组织育人的目标和任务是不同的,但相同的是,党组织育人是中国共产党通过对党员干部和人民群众进行思想政治教育,凝聚思想共识,为建设社会主义国家贡献力量。共青团和少先队也把握改革开放重要时机,将经济建设和思想建设相结合,在青少年中开展各种实践活动,如"五讲四美三热爱",引导青少年形成正确的世界观、人生观和价值观。中国特色社会主义进入新时代以来,习近平总书记更是重视发挥党组织育人功能,多次强调要加强党的政治建设和组织建设,从根本上提高党员干部担当使命的素质能力,加强宣传思想工作,将人民群众的力量凝聚起来,团结一致奋力取得中国特色社会主义伟大胜利。在党团关系上,"全党要关注青年、关心青年、关爱青年,倾听青年心声,做青年朋友的知心人、青年工作的热心人、青年群众的引路人。"

综上所述,自中国共产党成立以来,在不同历史时期,党组织都发挥了重要的育人作用,体现在三个方面。一是培育党员干部。不论是在革命抗战时期,还是在社会主义现代化建设新时期,党组织都严格要求党员干部遵守党的纪律,开设党校和各种培训班对党员进行思想教育和理论教育,坚持"三会一课"制度,提高党员干部的理论水平和实践能力,保持党组织的纯洁性和先进性。二是在人民群众中开展宣传思想教育。党组织育人不仅针对组织内部的党员,还重视更广大的人民群众,通过开展宣传教育和思想教育,凝聚共识、凝聚力量,为服务党和国家事业全局做出重大贡献。三是指引共青团和少年队建设。党组织不论是在革命时期还是在改革发展的各个阶段,都注重抓住青少年这支有生力量,为社会主义事业培养合格建设者和可靠接班人,因为青少年是祖国的未来和民族的希望,是"党和人民事业发展的生力军",只有青少年获得发展,中华民族才有可能屹立于世界民族之林。

一、新民主主义革命时期

北京为原点，高校是阵地。伴随着俄国十月革命胜利的巨大影响，1920年10月，马克思主义在中国得以真正开始传播，促使中国先进知识分子的觉醒，由李大钊、张申府、张国焘三人组织发起的北京共产党早期组织，是中国最早的、关于学习与研究马克思主义的团体。在当时的北京，高等学府作为主要的马克思主义思想汲取、理解和传播的活动舞台，为孕育、建立和发展中青年骨干力量提供了重要的思想文化阵地。之后高校党建渐次走向良性发展道路，党支部、党员的规模不断扩大，有了较快的增长，在学生中的影响力日趋增高，领导与管理体制日渐完备，起到校党组织建设的带动示范作用。

抗日战争时期，大力发展教育，党组织领导校长负责制。高校把发展中国共产党党员作为一项重要政治任务，与学生群体的关系更加密切。学生是民族解放的先锋，也是密切党群关系的纽带，这在一定程度上决定了高校党在全民抗战中的特殊地位。在这一时期，中共通过多样化的建党策略，于各类高校中建立起了牢固的基础。在非中共控制区，党采用"据点"式的建党路径，发展"种子党员"，抓紧"中心学校"，然后通过学生团体、同乡关系等线索向外延伸，最终打开一个区域高校党的建设局面。对学生"做一番训练的功夫，革除小资产阶级的遗习，完全成了无产阶级化"，让每一个知识分子在思想上、灵魂上得到磨炼和洗涤，从而逐步净化为一个"高尚的人""纯粹的人"，一个"具有共产主义道德的人"。

新民主主义革命时期，中国共产党急需不断夯实党的群众基础和培养大批高素质干部，因而高度重视发展高等教育事业。如1941年中国共产党创办了延安大学，解放战争期间又建设和接管了大批高等学校。虽然这些时期的各类高等学校时合时分、时立时废，建制也有变化，但党对高等教育的重视始终没变，思想政治工作一直是党领导的高等教育的重要建设内容。这为新中国高校思想政治工作体系的建设发展奠定了较为坚实的基础。该阶段高校思想政治工作体系的主要特点如下。

第一,体现了高校思想政治工作体系建设服务于党的中心工作的要求。相对于党的中心工作,高校思想政治工作具有服务性和服从性,要为完成党在一定历史阶段的任务而服务。比如,全面抗战爆发后,全党和全国人民的中心任务是"抗日救亡",1937年发布的《中共中央军委主席团命令——关于红军改编为国民革命军及加强抗日教育问题》就强调要"增加抗日政治课程"。第二,形成统一领导、多元协同格局。在宏观层面,强调全党的宣传鼓动工作必须统一在中央的宣传政策领导之下。在学校管理的具体层面,党的领导通过配备相应的机构和人员来落实。例如,在陕北公学有党总支和党支部,除了专职干部外,陕北公学全体教员和工作人员都把思想政治工作作为自己工作的重要内容,学生会成为学校各级组织开展思想政治工作的得力助手。第三,确定理论与实践相结合的基本原则。党始终高度重视理论教育,建立了多层次的理论教育教师队伍。除了毛泽东、张闻天等中央领导负责同志担任教员外,还有很多党内外知名学者和专家从事教学工作。同时,开展军事化的实践、政治活动实践、生产劳动实践、社会调查实践等多种形式的实践活动。这个阶段因为处于战时状态,受社会动荡、师资力量及各类资源的限制,高校思想政治工作体系的各个系统尚未充分发展,处于雏形阶段。

这一时期,中共在高校不只是从组织上确立了自己的位置,而且还在总结经验基础上逐步形成了一套建党思路。从大的方面看,一是在体系内厘清共产党与青年团的关系,明确二者在学生运动中的具体分工;二是在体系外的各种学生团体中建立中共党团,开辟学生的联合战线。从建党方式上看,中国共产党从俄共习得的党团制度,也在这一时期收效显著。具体来说,一是深入校园,要求"每一个同志必须加入一个以上不带政治性质的群众组织";二是开辟学生的联合战线。这样既可保证党与群众的密切联系,又能保证党对外围组织的严密控制。

二、社会主义革命和建设时期

新中国成立初期,党和国家面临恢复国民经济和继续完成民主革命的繁重任务,高等教育承担着为国家培养人才和提高科学文化实力的崇高使命。高校党组织的首要工作是配合军管会接收、恢复和整顿各高等学校,广泛宣传党的城市政策和文化教育政策。主要任务是对师生员工进行思想政治教育,深入开展党的建设工作,保证教学的顺利完成。为此,高校党组织通过寒暑假学习会、专题讲座、办夜大以及日常的政治学习等方式,开展了形式多样的政治理论学习和社会实践活动。1953年,中共中央决定高校的中国共产党组织改为党委(即党组),党委成员以行政负责人的身份贯彻中国共产党的方针政策,党组织不直接领导行政,但在政治上仍起核心作用。同年5月,中共中央政治局在毛泽东同志主持下开会讨论教育工作,决定从中央党政机关抽调1000名中、高级党员干部,派往中等学校和大学充实领导力量。在党的正确路线和方针指引下,党组织的政治核心作用得到充分发挥,高校出现了党风端正、党群密切、人心稳定的美好局面。由于受"左"倾错误的影响,教育事业出现了急于求成、盲目推进的做法,导致劳动过多,教育质量下降,影响了一部分教师和党员的积极性。

从1949年新中国成立到1956年,党在逐步创立高等教育新秩序的基础上,按照"又红又专"的要求有序推进高校党的自身建设。这既体现了中共"为人民服务"的建党宗旨,也反映了新形势下国家建设的客观要求。中共在高校的这一目标设计主要体现在三个方面:一是制定高等教育面向工农的教育方针,二是坚持"为生产建设服务"的目标指引,三是落实"面向教学,面向基层"的基本政策。在具体过程中,中共则坚持抓重点支部,树典型模范,然后再适时进行经验推广的重要方针。这一时期中共在高校的党建思路主要体现在三个方面:一是以青年学生为重点。当时中共采取了积极谨慎的方针,党员发展对象主要是学生,而对于教授入党,仍存在诸多限制。二是加强干部队伍建设。此时中共对学生和旧知识分子的不同态度,决定了其在高校实行大量提拔使用青年学生干部,而在思想未彻底改造之前,绝不依靠旧知识分子的政策。然而无论是大胆提拔,还是彻底改造,都需要党加大对高校的工作力度。为此,党在对高校干部的思想作风做彻底整顿的同时,还开展了对旧知识分子的一系列思想改造运动。三是在实践中教育党员。这种教育主要采取以下两种方式:第一,通过生产建设的劳动实践,培养高校党员的劳动观念;第二,通过政治运动的实践锻炼,坚定高校党员的阶级立场。1956年社会主义改造完成以后,党进入了社会主义建设十年探索时期,这在高校党建史上表现为两个不同的发展方向。一个是"制度化"趋向,中共把党的传统和新鲜经验程序化、规范化,并在高校创立了一系列党的工作制度;另一个是"政治化"趋向,这一时期中共在高校发动的一系列社会政治运动,既违背了高等教育的发展规律,也破坏了党的建设原则。

这一时期高校党建的"制度化"趋向,主要表现在党的领导体制、党的工作制度和党的支部建设三个方面,具有开创性的意义。关于党的领导体制,1961年9月颁布的"高教六十条"明确规定:高等学校的领导制度,是党委领导下的以校长为首的校务委员会负责制。关于政治工作制度,中共在贯彻党委制的过程中,在各高校逐步建立起政治工作机构,并注重加强和充实政治工作干部队伍。关于党的支部,"高教六十条"则规定:中共"在教师、职工和学生中应该分别建立党的支部"。与此同时,高校党建也表现出严重的"政治化"趋向。事实上,从新中国成立之初,中共提出教育"为工农服务",到1958年教育革命中,党所执行"教育为无产阶级政治服务"的指导方针,本身就包含着浓厚的政治化倾向。在这一时期,党还把上述问题同"兴无灭资"斗争联系起来,这就不能不使高校党建一步步滑入"以阶级斗争为纲"的"政治化"轨道。当中央宣布要把"四清"运动的"革命风气带回学校"之后,一场更大规模的"革命运动"便一触即发了。

新中国成立后,中华大地万象更新,党和人民也面临很多困难和挑战。高校思想政治工作体系建设紧紧围绕党在这个阶段的中心工作,以老解放区经验为基础,吸收借鉴旧教育和苏联经验,在全国范围内逐步确立起高校思想政治工作体系的各项制度和基本格局。该阶段高校思想政治工作体系的主要特点如下。第一,确立高校思想政治工作体系的基本依据和基本要求。《中国人民政治协商会议共同纲领》以法律的形式,将

高校党建与思想政治工作研究

中国共产党的思想文化政策上升为国家意志,为高校思想政治工作体系在全国范围内确立发展提供了法律依据。1951年,第一次全国宣传工作会议强调了思想政治工作的必要性,明确规定了各级党委在宣传工作中担负的主要任务和具体要求。第二,确立党领导高校思想政治工作的具体制度。在经历了校长负责制、党委领导下的校务负责制后,高校领导制度明确为党委领导下的以校长为首的校务委员会负责制,同时在系层面建立党总支委员会,在教师、职工和学生中建立党支部,并加强对共青团、工会、学生会和其他群众组织的领导。第三,确立高校思想政治工作体系的主体格局。随着国内外形势的变化,各级各类学校思政课程设置不断调整和丰富,总体上以马克思主义基本理论和毛泽东思想为内容主体来开设课程。在思想政治理论课不断发展完善的同时,逐步确立了政治辅导员制度。1965年颁布的《关于政治辅导员工作条例》,标志着我国全面建立了思想辅导员制度。此外,这个阶段还不断探索学科教学体系、日常教育体系和队伍建设体系等各类围绕"体"之"系"的丰富发展。这个阶段奠定了在全国范围内开展思想政治工作的四梁八柱,为改革开放时期高校思想政治工作体系恢复和发展提供了政策基础和实践经验。

三、改革开放和社会主义现代化建设时期

党的十一届三中全会拉开了改革开放的序幕,同时也揭开了党的历史建设新篇章。全会冲破了党的指导思想上存在的教条主义和个人崇拜的严重束缚,抛弃了"以阶级斗争为纲"的错误方针,实现了思想路线、政治路线、组织路线的拨乱反正,党和国家工作重心转移到经济建设上来,教育事业稳步发展。1980年4月,教育部在下发的《关于加强高等学校学生思想政治工作的意见》中,要求"必须建立一支坚强的、有战斗力的政治工作队伍"。在党委的领导下,高校开始正本清源,重建思政队伍,加强马克思主义理论教育,形成了安定团结的良好局面。20世纪80年代中期,随着改革开放的深入,西方各种社会思潮不断涌入大学校园,并迅速占领思想阵地,部分学生的思想和理性判断受到严重影响,理想信念产生

动摇。针对高校中出现的放松思想政治工作的错误倾向，以江泽民同志为核心的党的第三代中央领导集体为扭转思想建设所出现的被动局面，采取了一系列重大措施加强高校党的建设。1990年4月，第一次全国高校党建工作会议强调："要坚持党对高校领导，加强高校党的建设和思想建设。"随后，中央下发了《关于加强高等学校党的建设的通知》（以下简称《通知》），确定"高等学校实行党委领导下的校长负责制"，明确了新时期高校党建工作的指导思想和主要任务。1996年，中共中央颁布了《中国共产党普通高等学校基层组织工作条例》，进一步明确规定高校党组织的设置、主要职责、领导体制以及纪律检查工作等。其间，高校党组织始终把思想建设放在首位，坚持以马列主义、毛泽东思想和邓小平理论为指导，围绕中心抓党建，抓好党建促发展，党的核心地位再次树立和强化，有力地促进了高校改革发展步伐不断加快。

党的十一届三中全会以后，高校在党的领导下，开始正本清源，全面贯彻党的教育方针，重建思想政治工作队伍，加强马克思主义理论教育工作。除此之外，中共还在领导制度上，加强和改进高校党的领导体制，要求将高校各级党组织从过去包揽一切的状态中解脱出来，把更多精力集中到加强党的建设和加强思想政治工作上来。在组织建设中，加强高校基层党组织建设，使党员在各自岗位上发挥先锋模范作用，使党的组织真正成为教育和监督所有党员的组织，以保证党的政治路线执行和各项工作任务完成。在作风建设上则突出表现在两个方面：一是突出党风、学风建设，以好的党风促学风。二是发扬为人师表的教风，广大教师努力在政治上、业务上不断提高，沿着又红又专的道路前进。1989年8月，中共中央发出了《关于加强党的建设的通知》，要求各级党组织聚精会神地抓党的建设，下决心解决好当时党的建设中的迫切问题。这一时期，中共中央、国务院还先后下发了《中共中央关于加强高等学校党的建设的通知》《中国教育改革和发展纲要》《中共中央关于加强党的建设几个重大问题的决定》等重要文件，中央有关部门组织编写出版了《邓小平文选》《邓小平建设有中国特色社会主义理论学习纲要》，为高校党建工作指明了方向。这一时期高校党建的成就主要集中在以下三个方面:第一,在思想建设方面,高校党组织坚持把思想政治建设放在首位,以马克思主义及其最新理论成果为指导,围绕中心抓党建,抓好党建促发展,致使党组织和党员的作用得到较好发展,高校党建和思想政治工作也逐步走上了正常化、规范化轨道。党的核心地位得以再次树立和强化。第二,在组织建设方面,高校党的组织建设主要是从反对和平演变、培养社会主义事业建设者和接班人的战略高度出发,总结高校党建工作的历史经验,改革和完善高校"党委领导下的校长负责制"。第三,在作风建设方面,各高校在党的领导下,针对前一段党风建设中所存在的问题,检查自身找差距,采取了一系列有效措施加强高校党的作风建设,使得党风、学风、教风建设明显改观,从而有力地促进了新形势下高等教育的改革和发展。

党的十一届三中全会后,高校思想政治工作的优良传统逐步得到恢复和发展。该阶段高校思想政治工作体系的主要特点如下。第一,加强和改进高校思想政治工作的领导制度。在中央层面,建立了由中央书记处直接主管的思想政治工作领导体制,成立了中央思想政治工作领导小组,并在党的十三大后改名为"中央宣传思想工作领导小组"。在高校层面,党委领导下的校长负责制经历了实践检验和政策调整后,被《中华人民共和国高等教育法》以国家法律的形式固定下来,明确了党对新时期高校思想政治工作领导的制度安排。第二,恢复并丰富高校思想政治工作体系各个组成系统。为了更好地服务于党在改革开放时期的中心工作,1978年教育部办公厅颁布了《关于加强高等学校马列主义理论教育的意见》,这标志着思想政治理论课程的全面恢复。这个阶段还进一步强调高等学校哲学社会科学课程负有思想政治教育的重要职责,进一步规范了高校学生社会实践活动,丰富并强化了服务育人、管理育人、心理育人、网络育人等育人渠道。第三,加强教师队伍建设。党中央在高度重视高校教师队伍建设的同时,针对思想政治工作队伍存在青黄不接的问题,提出要努力造就一大批思想政治工作能手,一大批精通思想政治工作的专家,形成了本科专业、硕士研究生和博士研究生的人才培养体系,思想政治工作队伍的人才培养体系不断健全。

四、中国特色社会主义新时代

2002年党的十六大以来,党中央在科学发展观指导下,根据时代的发展和中国共产党自身建设的需要,着力抓住党的先进性建设这个根本,围绕加强党的执政能力建设这个重点,积极推进党的建设的实践创新、理论创新和制度创新。高校党建也由此步入一个创新发展和全面加强的发展阶段,并积累了一系列制度化的成果,如《教育部关于加强依法治校工作的若干意见》《关于进一步加强和改进大学生思想政治教育的意见》《关于加强和改进在大学生中发展党员工作和大学生党支部建设的意见》《关于加强民办高校党的建设工作的若干意见》《关于加强普通高等学校基层党组织建设的意见》《中国共产党普通高等学校基层组织工作条例》等。这一时期高校党建的成就主要集中在以下三个方面:第一,创新高校基层党组织建设工作。高校普遍开展了保持共产党员先进性教育活动,大大激发了高校党员干部、师生员工的积极性和创造性,许多高校出现"基层党组织创先进,共产党员争优秀"的喜人局面。第二,高校领导班子制度建设有新的突破。经过十多年的探索、创新,高校党委领导下的校长负责制实践经验不断丰富,党委、行政的议事决策制度更加完善,领导干部选拔任用工作更加规范,党风廉政建设责任制进一步加强,高校党建工作形成了党委统一领导、党政分工合作、协调配合的机制。第三,高校思想政治工作得到全面加强。这一时期,各高校贯彻落实中共中央、国务院印发的《关于进一步加强和改进大学生思想政治教育的意见》和中宣部、教育部印发的《关于进一步加强和改进高等学校思想政治理论课的意见》及其实施方案,逐步打开了新形势下高校思想政治工作的新局面。

1996年3月,党中央颁布的《中国共产党普通高等学校基层组织工作条例》,作为高校党的建设基本法规,为加强高校党的工作提供了制度保障。2009年11月,时任中共中央政治局常委、中央书记处书记、中央党的建设工作领导小组组长习近平同志,亲自指导《中国共产党普通高等学校基层组织工作条例》第一次修订工作，主持召开中央党建工作领导小组会议，对《中国共产党普通高等学校基层组织工作条例》修订稿进行研究。2010年8月，党中央颁布修订后的《条例》，对推进高校党的工作制度化、规范化、科学化发挥了重要作用。

五、新时代、新局面、新发展时期

历史方位的明确，给高校学生党建提出了新要求。党的十八大以来，习近平总书记立足现实，以问题为导向，就高校党建工作提出了许多新的思想，推动着当前高校党建工作不断向前。第一，开展理想信念教育。2012年11月，第十八届中共中央政治局第一次集体学习时，习近平指出理想信念是共产党人的精神之"钙"，理想信念不坚定，精神上就会"缺钙"，就会得软骨病，抵御诱惑的能力就会降低，各种不良行为就会出现。伴随当前网络的盛行，同时受大学生崇尚自由、思维活跃的影响，大学生易受一些负面言论的影响，从而产生对于中国特色社会主义事业的怀疑情绪。基于此，中共中央、国务院于2017年印发《中长期青年发展规划（2016—2025年）》，强调要"深入开展共产主义、中国特色社会主义和中国梦学习宣传教育，开展习近平总书记重要讲话精神和治国理政新理念新思想新战略学习教育，使中国梦成为青年共同追求的奋斗目标，使中国特色社会主义成为青年衷心拥护的发展道路，使共产主义成为青年矢志追求的远大理想，增进青年对党的信赖、信念、信心"。第二，培育和践行社会主义核心价值观。"当代大学生成长在多种价值观念交互碰撞的社会环境中。在政治多极、文化多样的国际背景下，西方世界不断向国内渗透多元化的思想观点和意识形态。同时，伴随着国内社会体制改革的不断深化，新旧体制转化过程中产生的矛盾也愈演愈烈，国内外形势变化的综合影响，致使当前学生的政治价值观、道德价值观等基本价值观也随之呈现出多元化趋势，部分学生出现小幅度价值观认知偏差。"为此，2014年5月4日，习近平总书记在北大发表演讲，指出："青年要从现在做起、从自己做起，使社会主义核心价值观成为自己的基本遵循"。青年学生是时代发展的晴雨表,青年学生的发展决定了社会的发展。

党的十八大以来,以习近平同志为核心的党中央,高度重视加强党对高校的全面领导和高校党的建设,作出一系列重大部署。习近平总书记多次对高校党建作出重要指示、批示,多次到高校考察指导,特别是2016年12月、2018年9月先后出席全国高校思想政治工作会议、全国教育大会,并发表重要讲话,为做好新形势下的高校党建和思想政治工作指明了前进方向,提供了根本遵循。各地各高校深入学习贯彻习近平新时代中国特色社会主义思想,全面贯彻党的教育方针,落实立德树人根本任务,坚持和加强党对高校的全面领导,推进全面从严治党向纵深发展、向基层延伸,强化党组织政治功能和组织力,不断提高高校基层党组织建设质量,取得了明显成效,积累了重要经验。

2012年11月,党的十八大召开,开启了中国特色社会主义新时代,大会从战略和全局高度对新形势下加强党的基层组织建设作出全面部署,强调"创新基层党建工作,夯实党执政的组织基础",为高校人才培养,进一步加强和改进党的建设提出了新要求。2013年,高校掀起了"改进工作作风、密切联系群众"的热潮,陆续开展党的群众路线教育实践活动。同年7月,中组部、中宣部、教育部党组联合印发《关于进一步加强高校学生党员发展和教育管理服务工作的若干意见》,要求加强高校学生党员发展和教育管理服务工作,提出要始终把政治标准放在首位,严格发展程序和纪律,强化发展党员工作责任追究制。为贯彻落实全国高校思政工作会议精神,推动高校党的建设全面实现"四个合格",中共教育部党组于2017年2月印发了《普通高等学校学生党建工作标准》,进一步推进高校学生党建工作组织化、制度化、具体化。党的十九大以党的政治建设为统领,强调"全面推进党的政治建设、思想建设、组织建设、作风建设、纪律建设,把制度建设贯穿其中,深入推进反腐败斗争",开创了党的建设新的伟大工程。随后,中共中央先后发表了《高校思想政治工作质量提升工程实施纲要》《关于高校党组织"对标争先"建设计划的实施意见》等制度文件,不断巩固和强化党对高校的领导,不断提升高校党建和思想政治工作水平。

高校党建的全面升级与全新布局。2012年党的十八大以来,以习近平同志为核心的党中央站在新的历史起点上,基于办好中国的事情关键在党、中国特色社会主义最本质的特征和最大优势是坚持中国共产党领导这一根本逻辑,要求"把抓好党建作为最大的政绩",提出了新时代党建的总要求和新布局。根据中央统一部署,高校有序推进党的群众路线教育实践、"三严三实"专题教育、"两学一做"学习教育常态化制度化、"不忘初心、牢记使命"主题教育等重大主题活动,总体达到预期成效,高校党员干部队伍建设成果丰硕。与此同时,中共在总结新时代高校党建经验的基础上,也形成了一系列制度化的成果。比如,《关于坚持和完善普通高等学校党委领导下的校长负责制的实施意见》《关于进一步加强和改进新形势下高校宣传思想工作的意见》《关于进一步加强和改进高校思想政治工作的意见》《普通高等学校学生党建工作标准》《关于加强新形势下高校教师党支部建设的意见》《高校思想政治工作质量提升工程实施纲要》《关于高校党组织"对标争先"建设计划的实施意见》《关于高校教师党支部书记"双带头人"培育工程的实施意见》等。这些制度文件的实施不断巩固和强化党对高校的领导,不断深化和创新高校党建和思想政治工作,对于推进"全面从严治党"在高校的落地生根、加强党对高校的全面领导、精准化破解高校党建工作难题发挥着重要作用。党的十八大以来,党中央不断加快构建高校思想政治工作"三全育人"大格局,高校思想政治工作体系建设实现了整体性提升、跨越式发展。该阶段高校思想政治工作体系的主要特点如下。第一,强调思想政治工作是学校各项工作的生命线。习近平指出,思想政治工作是学校各项工作的生命线,各级党委、各级教育主管部门、学校党组织都必须紧紧抓在手上。这进一步明确了思想政治工作是我国高等教育高质量发展的要求,是我国高等教育的办学特色和优势,增强了新时代高校思想政治工作体系面向未来守正创新的自信和定力。第二,切实加强党对高校思想政治工作的领导。不仅强调党委书记、校长要旗帜鲜明地站在意识形态工作第一线,充分发挥高校党委的领导核心作用,而且对高校基层党组织工作作出全面规范,明确了对高校党组织开展思想政治工作的要求。第三,加快构建贯穿教育教学全过程的思想政治工作体系,不断增强思想政治工作合力。全国高校实现了马克思主义学院独立建制,加强了思政课程和课程思政协同育人,完善了网上和网下育人的同心圆,等等。党的十八大以来,高校思想政治工作体系的组成系统愈加丰富,各个组成系统之间的互动愈加协同有力,高校思想政治工作体系建设实现了新的跨越。

党的十九大着重强调了立德树人的根本任务,这促使各高校将培育德才兼备的高素质人才设定为思想政治教育工作的核心目标。习近平新时代中国特色社会主义思想成为高校思想政治教育的核心内容,引导学生领会国家发展战略、社会主要矛盾的变化等关键要点,使学生能够站在时代发展的高度,深刻思考个人发展与国家命运之间的紧密联系。高校积极借助新媒体平台,开展形式多样的线上线下教育活动,将原本抽象的理论知识以生动形象的方式呈现给学生,有效增强了思想政治教育的吸引力与感染力。与此同时,高校积极组织学生参与各类社会实践活动,让学生在实践过程中深化对理论知识的理解,切实提升自身的思想政治素养。在党的十九大精神的引领下,高校思想政治教育体系不断得以完善,为培养担当民族复兴大任的时代新人奠定了坚实基础,有力地推动着高校思想政治教育迈向新的发展阶段。

党的二十大报告明确指出,要推进教育数字化,致力于建设全民终身学习的学习型社会、学习型大国。这充分体现了以习近平同志为核心的党中央对教育事业的高度重视,明确了教育作为国之大计、党之大计的重要地位。通过构建网络化、数字化、个性化、终身化的教育体系,顺应了广大人民群众对优质教育的殷切期盼。在此时代背景下,高校的思想政治教育必须积极回应并解决好思想政治教育数字化转型的价值意蕴问题。充分认识到数字生产力的跃升驱动思想政治教育转型的客观必然性,深入开展数字技术赋能思想政治教育革新现实路径等方面的研究,切实推动思想政治教育实现数字化转型。如今,思想政治教育工作体系在技术层面积极顺应时代发展潮流,获得了全新的发展机遇与空间。

第二章　高校党建工作载体研究

高校党建工作的载体是指能够传达党建要素的,可以在各级党组织中互相传递的一种方式或手段,目的是促进高校党建工作的顺利展开。因此,本章对高校党建工作选用的载体进行了探究,包括利用主渠道空间、社会实践活动、虚拟网络、公寓以及社团活动等载体的使用和创新。

第一节　利用主渠道空间加强党校建设

随着现代网络信息技术的飞速发展,信息传播已经形成了即时、广泛、强大的影响力。在高校学生党建工作应用新媒体信息传播平台的过程中,新媒体凭借其先进的技术特点,可以实现大范围的信息传播,有效提升了高校学生对党建知识的接受度,同时也为高校学生提供了交流互动的平台,提高了高校学生党建工作的效率。高校学生是使用互联网的重要群体之一,手机上网已经成为高校学生生活和学习中的普遍现象,高校学生通过手机在互联网上搜索信息。高校可注册并设置高校党建工作微信公众号和微博账号,以便高校发布党建工作内容,让学生可以通过手机随时随地方便快捷地浏览相关信息。同时,通过新媒体平台,可以实现文字、音频、视频一体化呈现,实现高校学生党建信息的多元化传播。此外,通过建立微信、微博党建工作圈,为高校学生查阅相关信息提供便利,调动学习积极性,提高党建工作信息传播效果。利用新媒体传播党建工作信息,可以拓宽信息渠道,丰富信息资料,增加对学生党建工作信息的兴趣,增强传播党建工作信息的可行性,提高效率。与此同时,高校学生党建工作人员可以利用新媒体把握学生思想动向,完成针对性任务,加强党建工作与高校学生的紧密联系。高校通过建立新媒体党建工作平台推进党建工作;通过接受高校学生监督、及时反馈高校学生意见的平台,推动党建工作形式多元化,提高高校学生党建工作的科学性和公正性,推动高校学生党建工作迈上新台阶。

当前,高校党建工作正着力解决理想信念丧失、党性减弱、使命感减弱等问题,可通过产学结合"两学制"工作,坚定高校学生党员的"四个意识"。在开展学习教育过程中,高校学生党支部利用新媒体,结合自身特色,创新性地开展活动。例如,使用直播应用程序播放派对课程,这既满足了党员干部现场学习的需求,又可以让高校学生党员和普通学生参加党的活动,随时随地通过手机上课,打破了传统学习场所的局限和时间的限制,而高校学生可以随时复习党课,也是自主学习和强化学习的双重实现。

新媒体时代,给高校学生党建工作带来了新的发展机遇,对提高高校学生党建工作的管理和教育实效,以及加强高校党组织与高校学生党员的联系具有重要作用。但在高校学生党建工作开展中,仍存在创新不足、内容吸引力不足等问题,这就需要进一步加强创新,以教育的形式,整合网络教育资源,加强理论联系实际,加强专业队伍建设,充分发挥新媒体在高校学生党建工作中的重要作用,有效提高工作效率。

第二节 利用社会实践活动促进党建工作

一、社会实践在学生党建工作中的地位

社会实践作为高等院校学生实践教育的重要组成部分,是教育与实践相结合的具体体现,不仅促进青年学生在理论与实践相结合的过程中增长知识和才干,还丰富和深化了高校学生思想政治教育的实践内容,其贯穿于高校人才培养的全过程,这对于培养党的事业可靠接班人具有重要作用。

第一,社会实践对培养学生党员坚定的政治信仰具有导向作用。在

高校党建与思想政治工作研究

新时代下,进一步加强学生党员思想政治教育,提高学生党员的政治素养,培养学生党员坚定的政治信仰,刻不容缓。学生党员应该积极投身到社会主义现代化建设的行列中去,以实际行动弘扬爱国主义精神,这需要以社会实践为基石,社会实践是培养学生党员思想信念的重要途径,有利于培养学生党员正确的政治信仰。

第二,社会实践对丰富学生党员浓厚的社会主义事业情怀具有推动作用。长期的历史经验和现实都证明,任何工作或者职业,总是把爱岗敬业、忠于职守作为基本的职业精神,学生党员作为社会主义事业的接班人,更应该时刻牢记党员的历史使命,提高自己的政治热情和工作热情,培养浓厚的社会主义事业情怀。参与社会实践活动可以让学生党员走出象牙塔,走向社会,融入社会主义建设的行列中去,亲身感受社会主义建设事业的热度,增强全心全意为人民服务的情感。

第三,社会实践对培养学生党员良好的道德自律具有熏陶作用。高校学生正处于世界观、人生观、价值观形成和发展的重要时期,该时期的高校学生在思想、道德和自律等方面有一定的发展,但总体上表现为经验还不够丰富,思想还不够成熟。这需要学生多参与社会实践,接受社会道德的熏陶,在实践中逐渐形成系统的、成熟的道德自律意识。

第四,社会实践对培养学生党员"过硬的工作能力"具有历练作用。党员除了要有为人民服务的信念,还需要有过硬的工作能力,以更好地服务于人民、服务于社会。所谓实践出真知,学生党员参与社会实践,服务人民,也是增强工作能力,积累工作经验,提高处世能力的过程,这为培养学生党员"过硬的工作能力"打下坚实基础。

第五,社会实践有助于促进学生党员学习专业知识和理解党性知识。实践是检验真理的唯一标准,学生党员多参与社会实践,才能更好地消化自己所学专业知识,同时促进学生党员更好地理解党性知识,通过社会实践这一枢纽,使两者相互促进,形成良性循环。

二、高校党建工作中社会实践的重要性

(一)实现学生的全面发展

在高校开展党建工作时,党中央、国务院对此提出了具体要求和目标。对于高等学校来说,其肩负着为祖国培养人才的重任,在开展党建工作时,一定要充分发挥对学生的引导作用,让学生树立正确的人生观、世界观以及价值观,要求学生发扬艰苦奋斗,不怕吃苦的革命精神,将学生党员培养为有文化、有理想、有纪律和有道德的时代新人。同时,高校在开展党建工作时,一定要将党的基本理论和方针政策始终贯穿其中,对学生党员进行全面教育,要求其时刻保持党的先进性和积极性,并且要让学生党员正确认识我国的基本国情,坚定信念,树立远大理想,只有这样,才能培养出符合社会需求的应用型人才。一般来说,高校是将"育人为本"作为开展党建工作的根本目标,所以在开展党建工作的过程中,不仅要让学生党员具备较高的思想觉悟,对党进行更深层次的认识,促进高校学生的全面成材,还要加强学生党员的思想品德、党课以及政治理论教育,让学生党员在时刻保持党的先进性和积极性的前提下,回归到课本,不断学习新知识,增长见识,增强自身的知识储备,提高实践操作能力,只有这样,才能实现全面发展,真正成长为新时代社会需要的人才。

(二)充分发挥学生党建工作的效能

对于高校学生党员来说,将社会实践与党建工作紧密结合在一起,不仅可以提高自身的实践操作能力,在一定程度上还能确保高校学生党员真正成长为党的伟大事业的可靠接班人。所以,高校学生党员一定要充分认识到社会实践活动的重要性,发扬艰苦奋斗的精神,充分调动自身的积极性和主动性,在社会实践中提高创新能力和操作能力。同时,学生党员要积极参与社会实践活动,充分发挥党员的领导带头作用,在学生集体中间形成一股核心的力量,带动广大青年学生积极投身到祖国的发展建设中。因此,对于高校来说,将学生的党建工作与党员的社会实践活动有机地结合在一起,在一定程度上有助于充分发挥学生党建工作的核心

高校党建与思想政治工作研究

效能。

(三)展示学生党员风范

从当前我国高校学生参加社会实践活动的现状来看,还存在着诸多问题,比如缺乏工作热情、不能承受挫折以及人际交往能力较差等。随着我国高校毕业生人数的逐渐增多,人才的竞争也越来越激烈,毕业生的就业压力也越来越大,对于高校而言,怎样才能培养符合社会需求的综合型人才已经成为当前迫切需要解决的问题。因此,高校在开展社会实践活动时,与学生的党建工作紧密地结合在一起,可以充分发挥学生党员的先锋模范作用,在党的方针政策指导下,让学生党员成为高校社会实践活动中的创造者和实施者,带动高校所有学生,积极参与社会实践活动,磨练自己的意志,增长见识。同时,对于高校学生党员来说,在参加社会实践活动的过程中,还可以不断地扩展工作面和群众面,一方面可以加强与群众之间的沟通和交流,践行全心全意为人民服务的根本宗旨,另一方面还能时刻保持党的积极性和先进性,发挥带头作用。除此之外,高校在开展社会实践活动时,让广大青年学生积极融入社会的同时,还可以让学生党员对自己的角色进行准确定位,在实践活动中,树立正确的世界观、人生观和价值观,端正学习和工作态度,为实现自己的人生目标而不懈奋斗。

三、高校党建工作中社会实践活动的现状

近年来,在高校校园文化建设的推动下,学生党建工作在得到进一步发展的同时,也暴露出诸多问题,一般来说,主要有以下几个方面。

第一,由于高校在党员的发展问题上,一味追求数量,这就导致高校的党员数量虽然多,但是大多数党员都理论水平不高,政治修养不够,整体素质较低。

第二,从当前高校的党员现状来看,大多数党员在做任何事之前,都缺乏全面的考虑,往往感性战胜理性,缺乏人际交往能力和自我调控能力,并且在开展活动时,习惯性空喊口号,没有树立正确的行为意识,实践操作能力相对较弱。

第三，缺乏党员意识。有些学生虽然已经是党员，但是由于缺乏对党更深层次的认识，在日常的生活和学习中，并没有认识到自己的党员职责，无法充分发挥党员的带头作用。

第四，当代高校学生，由于家庭环境因素的影响，缺乏吃苦耐劳精神，一些党员在学校开展的各项活动中，都表现出积极的一面，但却没有做好投身于边远山区工作的思想准备，缺乏奉献精神，这往往就暴露出高校在开展党建工作时，缺乏培养党员服务于社会的长远效应设计，不利于保持党员的先进性和积极性。

第五，在新时代，社会需要具有创新精神的应用型人才，而从当前高校培养的党员现状来看，只重视学生对各项规章制度的遵守，并没有对学生党员进行全面的管理和教育，在实际工作中，缺乏针对性，这些都严重阻碍了学生党员的全面发展。

四、党建与社会实践有机结合的有效途径

(一)多样化结合党建与社会实践

第一，社会实践与党建工作合并设计、相互融合、同步开展、互相促进。党建与社会实践的紧密联系既是开展具有特色社会实践的前提，也是在实践中检验党建工作的好方法。党建引领社会实践，社会实践服务于党建工作，两者的有机结合、同步开展，才能使党建工作更合理地开展，为党建的发展提供新生机、注入新活力，这也是顺应新的历史潮流的表现。

第二，构建社会实践与党建的网络平台。网络作为信息时代一种交流手段，是建立党建与社会实践沟通的重要枢纽，能够在活动中加强对党员在社会实践中发挥党员先进性的实地考察和监督，具有良好的实效和现实作用，同时具备宣传和学习的功能。

第三，组建党建社会实践研究小组，及时总结和调整策略。党建工作是一个需要不断思考、不断完善的过程，发现问题，解决问题，反馈问题，更新机制显得尤为重要。通过组建党建社会实践研究小组，及时进行总

结,有利于党员对社会实践过程的反思,并能针对其中的不足提出问题、解决问题,并适时调整工作策略,让党建工作的开展收到事半功倍的效果。

第四,将社会实践与当地基层党建相结合,以"实践"促"党建"。学生社会实践作为学校党建与社会党建对接的纽带和桥梁,能加强学校与社会的联系,并及时了解校内外党建的主要动向和发展动态,对促进"党建交流"具有重要的不可替代的作用。社会实践有助于学生党员走出校园,了解社会,增强学生党员对社会的适应性,更好地将所学知识服务于社会,促进学生党建工作的发展。

第五,鼓励学生党员分享社会实践心得,互相学习。及时分享社会实践心得是学生党员对实践进行总结和思考的有效方法,也是考察学生党员在实践中表现情况的重要措施,有利于学生党员之间进行经验交流,也有助于对学生党员思想先进性的考核。

(二)校内社会实践活动

对于高校学生党员来说,一定要充分认识到在校园内开展社会实践活动的重要性。在新时代背景下,高校的学生党建工作也呈现出紧迫性、艰巨性以及重要性的特点,这在一定程度上给党建工作中的学生党员带来了新的挑战。随着我国教育改革的进一步深化,对高校学生的党建工作也提出了越来越高的要求。所以,对于高校而言,在日常校园管理中,一定要充分认识到发展学生党员工作的重要性,要严格按照党的方针政策的基本要求,在确保质量的前提下,做好优秀高校学生的入党工作,不断壮大党的队伍。一般来说,可以从以下几个方面入手。

第一,对于活跃在校园中的入党积极分子,高校一定要做好早期的培养工作,建立一套完善的管理规章制度,对这些入党积极分子进行全面考察,并且在对其进行理论知识教育的同时,还应该加强实践锻炼,为党员队伍的质量提供有效保障。

第二,高校在管理学生党员时,一定要进一步加强学生党员的先进性建设,让他们增强党员意识,不管是在生活上,还是在学习上都应该严格要求自己，在高校学生的思想政治教育中，充分发挥党员的先锋模范作用。

　　第三，高校在开展党建工作时，一定要充分了解学生的心理、学习以及行为特点，以学生的实际需求为基本依据，将每一个班级作为集体，建立党支部，这样一来，学生在入党方面遇到任何问题时，就可以随时得到解决。同时，从当前我国高校党建工作的开展现状来看，任务量大，任务烦琐，在一定程度上严重阻碍了专职党务工作者工作的正常有序进行。所以，在开展党建工作时，一定要充分发挥学生党员的重要性，让学生党员在做好本职工作的同时，担负起发展党员的任务，通过学生党员的自我服务、自我管理以及自我教育来加强党建工作。一方面可以有效解决当前高校党建工作面临的难题，另一方面还能在社会实践中，提高党员的工作能力。

　　第四，对于高校的基层党组织而言，在开展党建工作时，可以在满足学生实际需求的前提下，将实践锻炼与学生党员的理论培训紧密结合在一起，在党建工作中充分发挥学生党员的主体地位，通过开展各种活动来调动学生党员的创造性、积极性和主动性，从而确保党建工作顺利有序进行。对于高校学生党员来说，在校内开展社会实践活动时，可以在了解学生的行为、心理以及学习特点的前提下，从学生的实际需求出发，实现社会实践活动内容的丰富化和形式的多样化。比如，在开展党建工作时，高年级的学生党员可以通过专题活动的形式，将枯燥乏味的理论知识变得趣味化，充分调动低年级学生参与活动的积极性和主动性。一方面学生可以学习到党的理论知识，另一方面学生又提高了实践操作能力，从而实现学生的全面发展。同时，在设计校内社会实践活动时，一定要建立一套完善的规章管理制度，并且形成长期的规划目标，有针对性地组织和开展活动。只有这样，才能实现校园社会实践活动的系统性、合理性以及科学性。

(三)校外社会实践活动

　　一般来说，高校学生社会实践活动在一定程度上与党员校外社会实践活动是紧密联合在一起的,所以,高校在开展校外社会实践活动时,学生党员应该充分发挥模范带头作用,成为高校学生社会实践的主心骨,尤其是对于一些学生党员而言,更应该成为高校学生校外社会实践的实施者和组织者。通常在高校开展党建工作时,学生可以将党建工作的各方面要求作为主要依据,从学生的实际需求出发,对专项的社会实践进行全面调查,在选择好合适的社会实践地点之后,制订一套完善的社会实践方案。这样一来,高校在组织高校学生参与校外社会实践活动时,就不会因为缺乏目标而呈现出管理涣散的现象,就可以让高校学生端正工作态度,全身心投入工作中,学生在积累工作经验的同时,也可以提高实践操作能力。同时,对于高校学生党员而言,通过组织这种校外社会实践活动,一方面可以增强高校学生党员的责任感和使命感,培养他们的模范、学习以及先进性意识,另一方面还可以让学生党员在社会实践工作中发挥先锋模范作用,挖掘他们的潜能,提高高校学生党员的实践操作能力和创新能力。总而言之,学生党员社会实践与学生党建工作在一定程度上有着密不可分的联系,二者相辅相成,缺一不可。因此,对于高校而言,在开展党建工作时,一定要充分发挥对党员的引导作用,让学生党员时刻保持党的先进性,并且成为高校学生社会实践活动的主心骨,学生党员在巩固理论知识的同时,又提高了实践操作能力和创新能力,只有这样,才能实现学生的全面发展,为社会培养更多优秀的应用型人才。

第三节 利用虚拟网络为载体的网络性创新

习近平总书记多次强调,高校必须把党的政治建设摆在首位,把党对学校的全面领导落到实处。如今搭载在网络上的高校学生党建工作迈上新台阶,高校应抓紧这一发展变化机遇,不断提升思想政治教育附着力,抓牢高校学生党建工作生命线。在互联网高速发展的今天,高校学生党员难以在传统的高校党建工作模式中发挥更大的青年活力。因此,高校应致力于研究新时代高校学生党建工作新模式,构建"互联网+党建"工作体系,激发高校学生党组织活力。

一、高校学生党建工作网络信息化的内容和意义

(一)高校学生党建工作网络信息化的主要内容

党建工作网络信息化主要是指党建工作管理员在依据计算机网络信息技术对组织、党风建设、道德建设、廉政建设等环节进行创新和优化。从狭义的角度理解,党建工作网络信息化是党建工作人员在校园网络平台上进行信息传播的操作,比如博客、论坛等社交平台,也可以在网站上发布信息,提高线下信息的传播速度。从广义的角度理解,党建工作网络信息化是管理人员除了应用计算机信息技术和信息网络平台,还可以通过人际管理和软件系统等其他途径开展高校党建工作。党建工作网络信息化有利于弥补传统党建工作不足,提高信息传播的效率和速度,在我国高校党建工作体制改革中发挥积极作用。事实上,党建工作网络信息化并不是全盘否定传统党建工作方式,而是互相配合,取长补短,提高高校党建工作的效率和质量。党建工作网络信息化是创新党建工作理念的重要实践来源,是优化党建工作方式的主要途径,是高校顺应时代发展的必然趋势。

(二)高校学生党建工作网络信息化的重要意义

在移动互联网时代,人们的生活方式和学习方式发生变化,由最初的"课堂式教学"转变为"碎片化教学",高校基层党建模式也随之改变。在"三全育人"模式下,高校基层的发展要以占领"互联网"主阵地为突破口,激发基层党组织的活力,让党建活起来、强起来。

1. 网络信息化搭建高校党建新平台

高校党建工作是践行党的理论和党的方针政策的有效实施途径,"互联网+党建"打破了时间和空间的限制,是高校党建工作的新平台。一方面,"互联网+"为党的思想理论宣传提供了新平台。在大数据时代,"互联网+党建"通过构建常态化学习机制,完善网络平台的学习模块,以红

色教育、党史教育等党建理论知识武装头脑，激发党员的积极性和创造性，加强高校基层党支部的网络建设，实现对高校基层党员的全方面、全方位教育。另一方面，"互联网＋"为党密切联系群众提供了新渠道。在长期的历史革命中，密切联系群众是党的优良传统。"互联网＋"能够充分激发新媒体的鲜活力，通过"两微一端"等方式开展有主题、有层次的理论学习和集体学习，营造良好的党史学习氛围，为党和群众搭起沟通的桥梁，大大拉近了党和群众的距离，有利于社会主义核心价值观的传播和弘扬。

2. 网络信息化促进多元化信息交融

在信息技术的快速发展下，"互联网＋党建"打破了常规的党建模式，充分发挥网络技术，打破信息壁垒，促进多元化信息交融。高校是基层党建的主阵地，是培养社会主义接班人的场所，高校基层党建的组织者和发起者是学生，只有顺应时代潮流的党建教育方式才能达到育人效果。一方面，互联网为高校党建提供传播的新载体。随着新媒体技术的发展，高校党建依托"学习强国""腾讯会议""ZOOM"等平台开展线上"三会一课"，将党的理论和思想通过多种途径宣传，增强了党的理论传播力和教育时效性。另一方面，互联网为高校基层党建营造绿色的网络环境。在新媒体载体上，通过深入开展爱国主义主题教育活动，挖掘先锋典型故事和优秀事迹，推动"两学一做"常态化，促进网络环境的风清气正。同时，鼓励基层党组织发现问题，及时解决问题，时刻保持支部党员的先进性和纯洁性。

3. 网络信息化推动思想教育协同育人

习近平总书记在全国思想政治教育大会上指出，要坚持把立德树人作为中心环节，把思想政治工作贯穿教育教学全过程，实现全程育人、全方位育人。互联网背景下，将党建与思想政治教育有机结合，有利于满足高校发展的内在需求。党建与思想政治教育协同育人，是在新时代背景下用党的先进理论武装头脑、发挥2016年习近平总书记在全国高校思想政治工作会议上的讲话思想政治教育指引作用的必然方式。"互联网+党建"在网络育人和文化育人上具有一定的实效性,一方面,依托网络技术,强化思想政治教育理念。网络技术打破了时间和空间的障碍,高校利用网络技术开展丰富多彩的党日活动,通过"五四精神""建党精神"等主题,传播正能量,厚植爱国主义情怀,加强学生思想政治教育。另一方面,优化党建形式,不断提升党建工作的规范化和科学性,实现了话语体系的转变。在党日活动的设计上,将志愿服务、学业榜样、就业分享等融入党日活动中,优化党建形式设计,突出"三全育人"模式,从学生中来,到学生中去。

二、高校学生党建工作互联网载体建设的机遇

高校基层学生党建网络载体建设具有与时代发展契合、受众支持率高以及技术发展成熟等优势。在新时代,必须依托互联网和新媒体,为党建工作拓展新方式、新办法。新时代背景下,科学技术迅猛发展,通讯基础设施发展完善,智能手机逐渐普及。因此以互联网为载体的党建工作应运而生。高校党建工作与互联网的结合有广阔的发展前景,但是互联网是一把双刃剑,必将导致意识形态领域之间的碰撞,势必会对我国高校学生党建工作带来一定程度的挑战。

(一)党建网络载体建设顺应时代潮流

互联网及其产品已经成为当代高校学生日常生活、学习交往的重要工具。调查研究发现,高校学生党员了解党建信息和国家重大方针政策的渠道也发展为以网络新媒体为主,通过党建教育课程、教育活动、传统媒体、网络新媒体等渠道接受党建教育的人数很多,高校逐渐形成了以网络形式为主、传统形式为辅,以课程为基础、实践为支撑的学生党建教育模式。因此,强化基层党建平台信息化建设顺应了时代发展潮流。

(二)党建网络载体建设获得受众支持

大多数的学生党员认为,组织观看党史纪录片、爱国教育影片、反腐倡廉、伟人或楷模事迹等电教专题片是学习党建理论、提高政治素养最有

高校党建与思想政治工作研究

效的教育方式。通过接受这种视听结合的、强感染力的教育方式,学生能够将党建理论和知识内化于心,有助于做到入耳、入脑、入心、入行。同时,大多数调查对象认为,利用微信公众号等新媒体平台有助于掌握党建知识和学习国家时政知识。他们对网络平台和信息化途径的党建知识教育形式的认同感,也从另一个侧面体现出其对党建工作网络平台的支持态度。这表明互联网对高校基层党建工作的促进作用得到大多数调查对象的认同,网络载体建设具有必要性和可行性。

(三)互联网为高校党建工作提供信息交互条件

互联网时代背景下,网络思想政治教育充分拓宽了教育信息量,学生可以按照自己的学习兴趣选择相关学习内容。互联网教育方式使信息传递不受制约,学生党员和入党积极分子在网络平台上能够更加积极自主地参与支部建设。通过组织开展各类"云思政活动",可展现党建别样魅力。

在网络平台上,交流的双方变成了两个网络角色,无论是教师、学生干部、普通学生都变成一个统一的代号。这种代号有利于消除师生之间的代沟与距离,引导学生参与高校党建活动,实现了静态高校党建工作转向动态高校党建工作,提升了党的理论教育实效性,促进高校党建工作顺利开展。

(四)主客体互动增强高校党建工作针对性

通过网络模式开展的教育活动,可以充分了解高校学生党员在现实生活中没有充分表达出来的思想动向和内心感受,进一步引导高校学生坚持积极向上的价值观,加强了主体与客体之间的沟通与互动。互联网开展党建工作可以减少学生党员与教师、辅导员沟通的屏障,使党组织掌握学生的第一手可靠、真实的信息,这也是党组织正确决策的基础。高校党务工作者通过网络平台,可以更加深入地了解党员的兴趣与各项能力,激发支部建设新活力,使党建的组织过程更加灵活。

(五)网络模式进一步增强高校党建工作的实效性

构建互联网视域下高校党建工作是便于党建资源整合、切实提高党建工作质量和效率的有效方式。新媒体平台信息资源丰富、内容全面、覆盖面广且更新速度快,是当前高校党建工作者搜集、汇总、整合最新党建资料的重要载体。

以往对于党员和积极分子的培养仅限于党校、支部的线下学习,在互联网时代,通过运用新媒体学习先进典型事例以及党中央的各项政策,进一步提高了对学生党员和积极分子的教育实效性,做到了随时学、随处学,教育的经常化、精细化也得到了有效保障。可以让学生随时了解国家的大政方针以及各地各高校工作情况,还可以及时在网上参与话题讨论,不但激发了学生党员参与党建的责任感、获得感,而且使党的组织生活变得空前紧密。学生党员可以随时参与组织生活,从而提升了学生学习兴趣。

三、高校学生党建网络载体建设的对策

(一)树立网络教育观念,强化网络阵地意识

在时代发展的潮流中,顺应时代发展的"互联网+党建"既是提高党员教育管理水平的重要体现,也是发展党组织能力的有效手段之一。在这个过程中,应当逐步完善包括学生党员的基本信息、发展历程以及民主的测评等在内的学生党员信息数据库,用大数据将各种信息进行科学分析与处理,挖掘有效的信息,将问题防患于未然。同时云计算技术的出现为构建党建工作体系提供了重要的技术支持,可以使党员获得更好的学习交流机会。

中国共产党始终代表中国先进文化前进方向,高校作为高素质社会主义事业建设者与接班人培育摇篮,要贯彻这一思想,坚持以马克思主义为指导,并积极建设有中国特色的社会主义文化。当前,全球化进程不断加快,各类思想文化纷繁复杂,特别是在计算机与网络日益普及的形势下,网络舆论场作用与影响越发凸显,建设高校党建网络阵地意义重大。

高校党建是党的建设新的伟大工程的重要组成部分。党建工作应呈现出新特点和新态势。基于高校基层党建囿于现实障碍,在实践路径上

应主动创新,将互联网作为党员教育和服务的媒介,推进基层党支部工作的数字化、信息化。

网络时代背景下,高校党建工作面临严峻挑战,具体表现在以下三个方面:第一,高校党建舆论导向管理工作难度加大。一方面,互联网开放性特征使其具备丰富的信息量;另一方面,互联网信息共享特征赋予广大高校青年学生信息接受自主权。以上两方面特征对于试图摆脱束缚、意欲张扬个性的高校学生而言,具有巨大的吸引力,而这却进一步加大了高校党建舆论导向管理工作难度。第二,传统的高校党建工作方法不再适用。比如,以往高校通常采取集中听取党的文件的形式,而网络的发展则使得其中大部分内容早有披露。再如,与网络上自由开放的思想交流形式相比,党内思想汇报与民主生活会制度较为严肃,不利于党组织及时掌握党员干部真实思想。第三,部分党建工作者缺乏必要的网络信息检索与运用能力。高校网络信息技术培训工作不到位,导致部分党建工作者尚不具备网络信息检索与运用能力。

在世界各国争相采用现代信息技术更新对外传播手段的今天,我们必须积极适应网络时代要求,牢固树立网络阵地意识。具体而言,高校党政领导与各级党组织要充分认识建设高校党建网络阵地的必要性与紧迫性,紧密结合国际发展变化实际与我国社会主义改革建设工作实际,明确新时代背景下高校党建工作新任务、新要求,制定详细而又周密的高校党建网络阵地发展规划与对策,通过网络传播党的基本知识与理论,建设富有时代特征的高校党建网络阵地。

(二)加强党建队伍建设

首先,注重对党建工作队伍的教育与培养。针对党建工作队伍中不同的群体,开展多层次、多角度的培训。针对年龄偏大但理论知识储备比较丰富的党务干部开展现代技术实操培训,使其掌握学生党员普遍使用的各类软件。针对年富力强但理论知识储备不够丰富的年轻党务干部,开展深层次的理论教育与语言表达能力培训。

其次,建立完善的考核与激励机制。将繁重的党建工作纳入学生干部队伍的年底考核之中,不仅可以激励学生干部队伍中的党务工作者,而且会加强党务工作者对高校学生党建的重视。加强高校党务工作队伍建设的政策支持以及实际的物质激励和精神激励,积极探索和创新党务干部的人才储备机制,形成在使用中培养的良性循环。

最后,借助"互联网+"激发党建队伍建设新活力。各地高校结合高校学生思想政治教育内容,创新活动形式,在网上有序开展各项党建活动,在青年中取得了较好的教育效果,高校党建工作进入新阶段。利用互联网开展高校党建工作是贯彻落实新发展理念的重要内容,对于增强党组织在学生党员中的凝聚力,提升教育活动的针对性和时效性具有重要意义。高校在运用互联网进行党建的同时,也要打造线上线下相融合的高校学生党建模式。

(三)研究网络文化,创新网络阵地建设工作

较之于其他平台,网络这一新型信息载体具备三大主要特点,分别为:即时性、开放性、交互性。因此,高校开展党建网络阵地建设工作时,要善于创新,积极将党建宣传教育工作规律与网络传播特点相结合,以此提高师生对于党建知识的接受度与高校党建网络宣传教育工作成效。

1. 党建新阵地的即时性

当前,不少网站都推出了24小时滚动新闻,即时性突出。与之相比,高校党建网络阵地却不太注重内容的时效性,存在长期不更新而导致内容陈旧等问题,难以吸引高校师生关注。因此,高校开展党建网络阵地建设工作,要变"守势"为"攻势",立足我国国情,总结新思想与新经验,直面新时代背景下高校党建工作的热点与难点,及时回答高校学生在党建工作中存在的疑虑与困惑,通过学习党史党情、陈述科学理论、罗列典型事例等方式对学生党员进行引导教育;利用网络建立党员信息管理与反馈系统,及时检索、收集并处理相关信息,提高网络党建教育的针对性。

2. 党建新阵地的开放性

第一,拓宽高校党员干部的视野。新时代高校党建网络阵地应承袭

无产阶级政党的优良传统,积极借鉴其他国家马克思主义政党的成功经验,有选择地介绍他国社会主义运动新思想与新成果,以此拓宽高校党员干部的政治视野。

第二,利用校园网开通网上党校、团校。首先,高校可以利用网络平台,如超星学习通、学生支部小程序等,围绕新时代党性与党员权利义务等问题开展讨论交流,以此端正入党积极分子的入党动机。其次,高校还可开通党委信箱、党校信箱等,鼓励党员干部与高校师生积极发表意见与建议。最后,高校还需借助网络,将拟发展入党人员名单予以公示,积极接受群众监督。

3. 党建新阵地的交互性

高校开展党建网络阵地建设工作,不仅要注重维护网站权威性,还需注重展示其亲和力,积极打造思想正确、内容丰富、形式生动的党建网络阵地,确保网站教育性与服务性相统一。具体而言,可从以下几个方面着手:第一,策划并开展网络活动,注重活动的思想性、知识性以及趣味性;第二,开设网络论坛,结合时下热点或重大问题确立讨论主题,必要时加以正确引导;第三,以重大节日或重大事件为契机开展网络思想教育活动。

(四)培育互联网创新思维

智慧党建平台提高了党建工作的效率,为党建工作注入了新的活力,同时也为党建工作的发展创造了新的机遇。在"互联网+党建"的工作模式下,首先,第一路径是要解决"主体"问题。对党务工作者,应加强党务实务的培训,邀请网络技术人员传授网络新媒体的操作和使用方法,以期转变党务工作者的思路。其次,培养党务工作者的互联网创新思维,通过宣传优秀的党日活动及"互联网+党建"优秀成果,引导党务工作者加强对"互联网+"的学习,利用"学习强国"客户端尝试组织线上研讨会和开展党日活动,加强理论学习。最后,充分挖掘党务工作者发现问题和解决问题的能力。并且,鼓励党务工作者依托"互联网+"党建云平台,在党日活动的设计上求实创新,融入师生党员喜闻乐见的育人元素,充分落实"两学一做""三会一课",厚植爱国主义情怀,提高党员的凝聚力和创新力。

(五)整合优化新媒体技术

"互联网+"平台传播信息具有速度快、影响广的特点,基于党务工作者新媒体技术创新能力不足,应尝试在新媒体技术方面做路径分析。新时代背景下,高校学生群体习惯在网络上碎片化学习,为了更好地推进"云党建"信息化发展,需要整合优化新媒体技术。

首先,发挥互联网技术优势,促进党媒技术创新。采用学生喜闻乐见的新媒体载体,在"抖音""快手"等平台上以小视频的方式录制"微党课",将传统的党课教育转移到线上,一定程度上打破了空间距离感,缩短了"教与学"的物理距离,让高校学生党员随时随地开展理论学习。

其次,进行大数据分析,推进党建信息化。通过问卷调查和网络平台的数据分析,了解高校学生使用党建媒体的习惯,寻找内在的逻辑规律,挖掘"互联网+党建"的育人价值。最后,注重内容选择。采用学生喜闻乐见的方式,优化"微党课"模式和形式,进一步促进党日活动深入人心、内化于心。

(六)建立"互联网+党建"考评体系

在"互联网+党建"工作中,建立行之有效的考评体系,有利于发挥党支部的战斗堡垒作用和党员的先锋模范作用。俗话说:"无规矩,不成方圆。"在"互联网+党建"模式的深入阶段,完善的制度体系有利于高校基层党建体系的形成。

首先,依托科学技术,健全和细化学生党建的监督体系。在党建云平台上设置积分制度,将"互联网+党建"工作任务细化,完善党员考核奖惩制度,提升党员的纪律性和规范性。

其次,加强党建平台的审核制度。目前较多高校和二级学院建立党建公众号,对于内容的发布,应建立审核制度,建立"撰稿—初级审核—中级审核—终极审核"的多级审核方式,严把内容关,加强"互联网+党建"

的规范性,避免出现意识形态问题和错别字等问题。

最后,加强网络媒体的言论监管制度。由于互联网的特殊性和公开性,网络媒体言论需要得到有效监督,组织学生党员通过线上微课的制作和知识竞赛的方式,践行社会主义核心价值观,在网络媒体传播正能量。对于不当言论应及时制止,严重者将按照相关规定予以警告或处罚。同时,引导基层党员发挥主观能动性,通过微信公众号等新媒体做好教育管理和宣传,通过线上读书会、三行情书、英雄人物或事迹线上分享会等形式,展现青年党员的责任担当,感召高校党员的民族自信心和自豪感,实现对高校党员的思想引领和教育宣传。

(七)创新活动形式,打造党建品牌

为了更好地实现高校学生党支部对高校学生思想政治教育的价值导向作用,学生党支部可以制订科学合理的计划,分阶段开展不同主题的党日活动,加强对学生思想的积极引导和深度引导。例如,学习党代会精神,给学生以新的启示,帮助学生尽快树立正确的入党动机;充分利用高校的学科和人才优势,邀请相关领域的专家讲授党课专题,感受大家风采;通过党支部内外优秀学生党员讲微党课,加强党支部理论学习,通过同伴指导提高学生党员的学习积极性;充分利用学校周边和所在地的红色文化、志愿者服务项目等资源,拓展党员教育途径;将线上学习与线下小组活动、社会实践活动等相结合,提高学生党员的凝聚力;开展活动要有后续性,避免浅尝辄止,流于形式,如定期举办党史知识竞赛,巩固和检验党员理论学习成果;通过学校官网和QQ空间、微信公众号等新媒体,展示和宣传党支部开展的活动和成果,增强高校学生党建工作的针对性和有效性。

(八)构建立体化党建工作体系

首先,利用专业特色开展党建工作。学生支部建设应该致力于联合教工支部在互联网上全面开展课堂教学、专业实践、创业就业等教育,突破以往课程教育结束后联系教师困难的问题,在假期充分发挥互联网优势,打造全员、全方位育人体系,增强党建工作的实效性。

其次,发挥优秀学生团体作用。在发挥教师的教育作用基础之上,充分发挥朋辈教育作用,通过整合各类优秀学生团体的内部教育资源,实现资源共享,通过互联网打破不同优秀学生团体之间的交流壁垒,在各个学生团体间形成争先创优、互通有无的局面,增强党建工作针对性。

最后,通过网络开展组织建设,密切联系群众。党内有一系列健全的党内监督管理机制,但是普通群众往往不会主动去党组织办公地点了解党组织情况,在网上开展组织建设有利于双向传递信息,加强党组织与群众的联系,增强群众的监督权,多层次开展公开、透明的综合评议,勉励高校学生党员严格要求自己。

(九)构建多元化党员教育体系

首先,打造开放式学习模式。在上级党组织设定的学习目标范围内,引导学生利用学习强国、慕课等能够记录学习情况的有益平台进行自主学习,鼓励学生选取感兴趣的、有针对性的学习材料。把互联网各软件中的学习数据、活动数据作为党员考核、党支部考核的重要依据,形成学、比、拼的良性激励机制。

其次,充分利用互联网上的教育资源开展课题式培训。将优秀教育资源如各类爱国主义教育基地网络展览馆、先进典型事迹、微党课等整合在一起,打造党支部学习资源库。给学生党员布置课题,让学生带着问题从资源库中选取材料学习,不仅能发挥学生主观能动性,还能在支部范围内形成一系列课题研究成果。

最后,开展专题研讨式党员教育。利用互联网平台,开展各类形式丰富的突出思想教育引领作用的"三会一课"教育活动,如专题辩论会、我听你讲、读书分享会等,给予党员表达自我的机会,让学生成为理论学习的主角,增强党组织凝聚力,丰富互联网模式下高校学生党建工作方式,有效提高高校学生党建工作感染力。

第三章 高校党建工作理念研究

作为马克思主义中国化最新理论成果和中国特色社会主义理论体系重要组成部分之一的科学发展观,是中国特色社会主义建设事业的指导思想。"在全社会大力宣传和普及科学发展观,使科学发展观深入人心,是树立和落实科学发展观的基础性工作。只有全体人民和社会方方面面都了解科学发展观、掌握科学发展观、实践科学发展观,科学发展观才能成为全社会的自觉行动,才能真正贯彻到经济社会发展和社会生活的各个领域、各个环节。"[①]可见,在各个行业领域全面贯彻落实科学发展观,是促进社会主义现代化建设顺利开展的根本保障。高校学生党建工作也不例外,只有深入学习实践科学发展观,探索出一套符合高校学生党建实际的工作理念,并以之指导高校学生党建工作的开展,才能从根本上增强大学生党建工作的时效性和针对性。

第一节 坚持以人为本的理念

科学发展观,第一要义是发展,核心是以人为本,基本要求是全面协调可持续,根本方法是统筹兼顾。以人为本在高校就是以学生为本,高校贯彻落实科学发展观的关键就是牢固树立以学生为本的工作理念。具体到高校学生党建工作来说,贯彻以学生为本的工作理念,就是要把高校学生党建工作不仅看作党和国家的要求,更要看作学生自我发展的要求。只有将党和国家的要求转化为学生的自我要求,将对学生的外在教育转

---

① 王经西,王克群. 马克思主义中国化时代化大众化历史进程、经验和规律研究[M]. 济南:山东人民出版社,2012.

化为自我教育,才能真正达到教育的效果。具体来说,高校学生党建工作贯彻以学生为本的工作理念应从以下三个方面入手。

一、切实解决大学生思想、学习和生活中遇到的实际问题

树立以学生为本的工作理念,首先要求高校党组织必须急学生之所急,想学生之所想,从大学生的实际需求出发,把"学生的利益作为一切活动的核心,作为一切工作的出发点和归宿,不断满足他们多方面的需要",使大学生成为党建工作的权益主体,将开展学生党建工作与解决大学生的实际问题相结合。具体来说就是要做到以下三点:

一是要关心大学生的思想发展状况。当代大学生面临着就业、学习、人际关系等多方面的压力,现代医学研究表明,如果一个人压力过大,长期处于不健康的心理状态,如焦虑、抑郁、恐惧、愤怒等,往往会产生各种心理和身体疾病,个别人甚至会采取极端行动。因此,高校各级党组织和党务工作者要会同心理健康教育部门,建立大学生心理危机预警与干预机制,大胆探索服务模式的改革,使有心理问题的学生主动寻求相关帮助,从而有效化解心理危机。此外,由于个别大学生的心理和思想状况尚不成熟,对社会问题的认识存在偏激倾向,容易受到各种非马克思主义思潮的影响,党组织和党务工作者应主动和相关学生交流,进行思想沟通,帮助他们树立正确的世界观、人生观和价值观。

二是要关心大学生的学习。学习是学生的天职,学习成绩的好坏是组织发展或评优的主要依据之一。首先,对于那些学业进展不太顺利的学生,党组织要主动关心,积极投入,鼓励学业优秀的学生党员和入党积极分子与后进同学建立帮扶关系,帮助他们找到制约学业发展的障碍,采取切实有效的措施提高后进同学的学业水平。这样不仅可以充分发挥学生党员的先锋模范作用,而且也增强了党组织在广大同学中的威信,有利于吸引更多的同学加入党组织中来。其次,高校各级党组织在开展活动时要主动与学生党员和入党积极分子沟通,尽量不占用或少占用大学生宝贵的学习时间。主题相近的活动可以合并举行,活动时间不宜过长,活

动内容要力求避免形式主义,活动主题最好与学业相关,力求对大学生的学业发展有所促进。

三是要关心大学生的日常生活。在开展学生党建工作的过程中,党务工作者一般比较关心大学生的学习和思想发展状况,相对而言,对于大学生的日常生活则明显关心不够,其实这是一种极为错误的倾向。大学生日常生活状况的好坏,不仅直接关系到大学生能否安心学习,而且从根本上影响大学生的精神面貌和思想状况。高校各级党组织和党务工作者要通过与保卫部门配合,做好安全稳定工作,为大学生的日常生活创造一个安全的校园环境;通过与后勤服务部门协商,改善大学生的住宿条件和饮食条件,为大学生创造一个温馨舒适的社区环境;对家庭经济困难的学生,党组织和党务工作者要多为他们创造一些勤工俭学的机会,鼓励他们通过自己的劳动和个人的努力实现经济上的自立;对于大学生当中经常出现的情感问题,要加强引导,帮助大学生树立正确的恋爱观。

二、大力提升大学生的综合素质,促进大学生的全面发展

坚持"以人为本",就是要以实现人的全面发展为目标,从人民群众的根本利益出发谋发展、促发展。这是以人为本的内涵和实质。高校学生党建工作贯彻落实科学发展观,关键就是要从大学生的根本利益出发,全面提高大学生的思想政治素质、科学文化素质和身心素质,促进大学生个性的全面发展。

首先,提高大学生的思想政治素质是实现大学生全面发展的前提,同时也是开展高校学生党建工作的首要任务。高校党组织和党务工作者要通过组织学生党员和入党积极分子参加党校培训、党团活动和社会实践,对他们进行较为系统的马克思主义理论教育,全面提升大学生的理论水平和思想觉悟,坚定大学生党员走中国特色社会主义道路的理想信念,帮助入党积极分子树立马克思主义的世界观、人生观和价值观。在此基础上,通过发挥学生党员的先锋模范作用,带动整个大学生群体思想政治素质的提高。大学生只有具备了较高的理论水平和思想觉悟之后,才能牢

固树立"为中华之崛起而读书"的理念,将个人发展同国家民族的命运紧密结合起来,进而正确面对人生道路上的各种挫折和挑战,在实现社会价值的同时实现自我价值。

其次,提高大学生的科学文化素质是实现大学生全面发展的核心与关键,同时也是高校学生党建工作的主要任务。当代世界国与国之间的竞争在很大程度上是科技实力和人才水平的竞争,社会主义必须培养出成千上万掌握先进科学技术的人才。大学生作为国家人才的预备力量,其学业成绩的好坏、科研能力的强弱是衡量成才与否的重要标志。高校党组织在开展党建工作的过程中,要明确要求学生党员和入党积极分子努力培养创新精神,认真学习科学文化,注重提高人文素养。通过增强学生党员和入党积极分子学习的目的性,使他们能够将科学知识内化为求实创新的科学精神,为更好地报效祖国和人民打下坚实基础。同时从大学生自身发展来讲,只有大力提高自身的科学文化素质和专业技术水平,才能在激烈的就业市场竞争中脱颖而出,成为社会的精英人物。

最后,良好的身心素质是大学生实现全面发展的根本保障,同时也是高校学生党建工作的重要目标。现代社会竞争日益激烈,对大学生的身心素质提出了较高要求。高校党组织和党务工作者必须面对这一现实情况,在对学生党员和入党积极分子进行思想政治教育的同时,通过意志和体能方面的锻炼,增强大学生适应社会生活的能力。要有意识地加强心理健康方面的教育,鼓励大学生在面临心理压力时主动寻求心理援助,提高大学生的心理承受力。通过开展心理素质拓展训练,不仅可以提高大学生的心理素质,而且通过训练掌握基本的运动技能,养成锻炼身体的良好习惯,增强大学生的身体素质,为更好地服务社会奠定坚实的物质基础。

三、努力培养大学生自我教育、自我管理、自我服务能力

高校学生党建工作能否取得实效,不仅取决于高校党组织和党务工作者自身努力的状况,很大程度上也取决于受教育者,即广大学生党员和

入党积极分子的配合状况。只有充分调动工作对象参与党建工作的积极性，培养他们自我教育、自我管理和自我服务的能力，才能将思想政治教育最终内化为大学生的自身需求，进而从根本上增强高校学生党建工作的实效性。因此，高校学生党建工作贯彻以人为本的理念，除了要解决大学生在思想、学习和生活中遇到的实际问题，促进大学生全面发展外，还应注重大学生的自我实现，引导、启发大学生积极开展自我教育、自我管理和自我服务。

自我教育是指在教育者的启发和引导下，受教育者根据社会和自身发展的要求，发挥主体的自主性，通过自我认识、自我评价、自我激励达到自我监督、自我管理和自我完善，形成良好思想品行和专业技能的方式、方法，同时也是受教育者不断完善个体社会化以适应社会活动的一种必备能力。自我教育是人类社会产生以来与教育相伴随、贯通个体生命全过程的一种现象，是个体生存与发展的内在基本条件之一，是个体在一定社会要求下，按自身发展的需要进行自我学习、自我培养和自我实现的活动。自我教育作为尊重人的自主性教育，能够发掘人的潜能，以实现真正的自我。高校学生党建工作要引导大学生开展积极的自我教育，帮助大学生树立正确的自我教育观念，培养大学生自我认识、自我评价、自我激励、自我调控的能力。如果说自我教育是自我管理和自我服务的前提，那么自我管理和自我服务则是自我教育的内在要求和必然结果。自我教育成效的好坏，最终要体现为大学生自我管理和自我服务水平的高低。这就要求高校党组织和党务工作者在帮助大学生树立自我教育意识的同时，要为大学生的自我管理和自我服务创造一切必要条件，扫除一切可能出现的障碍。如通过指导大学生建立各种形式的自治团体，为大学生自我管理和自我服务奠定组织基础。再如在指导学生党组织和学生党员开展活动时，要尽量避免既当导演又当演员的全盘包办倾向，应着重从宏观上引导，确保大的原则和方向不能发生偏差，在此前提下，可以放手让学生党组织和学生党员去干。

第二节 确立全员育人的理念

高校学生党建工作是一项系统工程,单靠专职党务工作者自身的努力是远远不够的,"要制定完善有关规定和政策,明确职责任务和考核办法,形成教书育人、管理育人、服务育人的良好氛围和工作格局。"只有确立全员育人的理念和大党建的工作思路,充分发挥教学部门、管理部门和服务部门的教育合力作用,建立学校、家庭和社会的联动机制,实施全员育人、全方位育人和全过程育人,才能从根本上形成一种人人关心、人人参与大学生党建的工作局面,进而推动高校学生党建工作向纵深发展。

一、坚持马克思主义的主导地位

马克思主义唯物史观认为经济基础决定上层建筑,上层建筑对经济基础具有反作用。意识形态作为上层建筑的重要组成部分,对经济基础和政治制度具有巨大的反作用。任何国家无论其经济结构和社会思想多么复杂多样,总会有占主导地位的意识形态,以对整个社会的思想文化发挥引领和整合作用。在社会主义国家的大学,马克思主义的意识形态居于主导地位,反映着整个社会的发展规律和最广大人民的根本利益。今天的大学生必将是明天社会主义建设的主力军,突出马克思主义在大学生思想活动中的主导地位,对引领整个社会思想,确保国家意识形态领域的安全具有重要而深远的意义。自觉维护和坚持马克思主义在意识形态领域的主导地位,不仅是党和政府一再倡导和坚持的基本政治原则之一,而且也为我国根本大法所规定,具有很强的权威性。因此,作为传播马克思主义和中国特色社会主义文化的主阵地,高校必须坚持马克思主义在意识形态领域的主导地位,牢牢掌握意识形态的领导权和主动权,增强政治意识、大局意识、责任意识和阵地意识,绝不能搞所谓"非政治化"或"去意识形态化",不要给错误思潮提供传播渠道。

作为高校坚守马克思主义意识形态阵地的主力军,高素质的党建工

高校党建与思想政治工作研究

作队伍是向大学生传播社会主义核心价值体系的主导力量。必须发挥党务工作者在高校学生党建工作中的主导作用,坚持马克思主义在意识形态领域的主导地位。党务工作者尤其是辅导员、班主任往往工作在第一线,与学生接触最多,联系最紧密,工作最直接。实现学生党建工作从以学校、教师为主到以学生为主的主体位移,确立以学生为本的理念,强调尊重大学生的主体地位,并非放弃学生党建工作的主导性原则。强调尊重学生的主体地位并非放任自流,因为学生的主体性是在党务工作者的引导下发挥和发展的,坚持党务工作者的主导性是高校学生党建工作的重要任务。高等院校是传播知识、传承文化、研究学问、追求真理、创造思想、培养人才的重要场所,加强大学生党建工作的主导性是全面贯彻党的教育方针,坚持教育为社会主义现代化建设服务的需要,同时也是培养德智体美劳全面发展的社会主义建设者和接班人的需要。

发挥党务工作者在高校学生党建工作中的主导作用,与坚持马克思主义在高校意识形态领域的主导地位在本质上是一致的。主导性决定学生党建工作的方向和性质,坚持党务工作者在高校学生党建工作的主导性就是坚持学生党建工作的原则性和方向性,具体来讲,就是在意识形态领域坚持社会主义意识形态的主导地位,就是坚持以马列主义、毛泽东思想和中国特色社会主义理论体系为指导,以理想信念教育为核心,以爱国主义教育为重点,以思想道德建设为基础,以为人民服务为核心的原则。高校要加强对社会主义核心价值体系的研究与建设,要把社会主义核心价值体系融入高等教育的全过程,坚持用马克思主义中国化的最新理论成果武装教师、教育学生。

二、发挥教学科研部门的专业优势

在全员育人的理念中,教书育人居于核心地位。教书育人即要把思想政治教育融入大学生专业学习的各个环节,渗透到教学、科研和社会服务各个方面。这就要求教师要深入发掘各类课程的思想政治教育资源,在传授专业知识过程中加强思想政治教育,使学生在学习科学文化知识过程中,自觉加强思想道德修养,提高政治觉悟。开展高校学生党建工作,专业科研教师的作用同样不能忽视。专业科研部门的教师要摒弃那种认为开展思想政治教育和党建工作单纯是党务部门任务的观点,牢固树立各门课程都有育人功能、所有教师都有育人职责的观念,要以高度负责的态度,率先垂范、言传身教,以良好的思想道德品质和人格魅力给大学生以潜移默化的影响。专业教师不仅有教育学生做好科研的重任,而且有教育学生按照一定社会规范和良知做人的责任。从高校学生党建工作的实践来看,教学科研部门老师的这种作用非常突出。在教学过程中,不少专业课教师以其渊博的学识、精湛独到的见解而赢得大学生的广泛尊重。教师的政治素质、业务水平、道德水准以及由此而产生的人格魅力是学生精神追求的价值所在,也是一所高校之所以高水平的理由。所以专业教师是高校学生党建工作队伍中至关重要的力量,特别是思想政治理论和哲学社会科学课教师,担负着对大学生进行思想理论教育的工作,他们对学生的影响及榜样的作用是巨大的。

高校学生党建工作应充分发挥专业科研部门的独特优势,将思想政治教育寓于专业课的教学过程中,以达到"随风潜入夜,润物细无声"的独特效果。遗憾的是在现实工作中,不少老师认为专业课教学应该去意识形态化,以保持思想上的中立和学术上的自由,因而主张单纯专注于学科知识的传授讲解,完全或部分忽略了对学生的思想政治教育。这对于自然科学研究来讲或许是必要的,因为大部分的自然科学都是超越意识形态限制的,但是对于那些与意识形态比较密切的人文学科来说,若想在教学活动中完全不受价值观的影响则很难做到。从某种意义上讲,高校人文科学这块阵地,马克思主义者不去主动占领,就必然为其他社会思潮所填补,一旦落入反马克思主义者的手中,则会对高校学生党建工作的开展造成极大障碍和挑战。调查发现,不少入党积极分子和学生党员在党校接受教育后,由于在课堂上受到了非马克思主义思潮的影响,进而造成了思想上的困惑,严重的甚至导致理想信念的动摇。因此,高校一方面要加强对教学活动的监控,严禁教师传播反马克思主义的观点,另一方面也要引导教师在教学活动中,自觉地向学生灌输马克思主义的世界观和方法论,从而使得教学科研活动与学生党建工作相得益彰。

发挥教学科研部门的专业优势,为学生党建提供智力支持,具体来说,就是要做到以下几点:一是要加强教学科研部门尤其是思想政治理论课教师和党务工作者的沟通交流,定期召开双方的情况交流会,研讨各自在教学和工作中遇到的理论与实际问题。二是要鼓励思想政治理论课教师担任班主任、辅导员,帮助他们深入了解学生的学习生活状况,有针对性地开展教学活动。三是聘请品学兼优的专业课教师担任大学生党校的兼职教师,让他们从自身成长和开展教学科研工作的角度,畅谈树立正确世界观、人生观和价值观的必要性,以增强党课教学的实效性和吸引力。四是选拔优秀的党务工作者承担一定量的理论课教学任务,既增强思想政治理论课的师资力量,也有助于专职党务工作者自身的学习和提高。在这方面北京师范大学作出了有益的尝试,该校形势政策课并未像其他高校一样交由思想政治理论课教学部门负责,而是全部由党务工作者负责实施教学任务,每学期结合国内外理论与现实的热点问题,为低年级本科生开设一到两次课,在实践中收到了良好的效果。

三、发挥管理服务部门育人作用

管理育人是指要树立管理与育人并重的思想,正确处理好管理与育人的关系,切实把握管理是手段、育人是目的的辩证关系。服务育人与管理育人是紧密结合在一起的。做好管理育人工作,必须树立在服务中管理、在服务中育人的理念,确立以学生为中心的思想,把学生需要不需要、满意不满意作为管理和服务工作的评价标准,把是否有利于学生的成长、成才、成人作为管理工作的出发点和归宿。管理干部、后勤服务工作人员是学校的窗口,在学校中有很多工作是通过管理和服务来实现的。管理是否公平、公正、规范、高效,服务的质量、水平的高低,态度的好坏,直接影响到学生对学校的整体评价和认知。只有当管理服务部门的党组织通过发挥自身作用,改善整体工作水平和质量的时候,才能为高校学生党建工作提供一个良好的外部环境,党务工作者开展学生党建工作才有底气和说服力。有鉴于此,开展学生党建工作,管理服务部门不能置身事外,而应当立足本职岗位,积极主动介入学生党建工作,"学校管理工作要体现育人导向,把严格日常管理与引导大学生遵纪守法、养成良好行为习惯结合起来。后勤服务人员要努力搞好后勤保障,为大学生办实事办好事,使大学生在优质服务中受到感染和教育。"

首先,管理部门要通过改善工作作风,提高工作人员素质和管理服务水平,实现育人功能。管理部门要通过建立切实可行的规章制度和约束机制,建立研究型、学习型、服务型机关。要通过改进机关工作作风,提高服务质量,使机关工作人员树立以人为本的工作理念,耐心、细致、周到、热情地为广大师生服务,用自身良好的工作形象、工作态度和工作作风感染学生、教育学生。要求学生做到的,管理部门的老师自己首先做到,这样才能发挥为人师表的作用。同时要注意发挥大学生参与学校管理工作的积极性,鼓励广大学生为管理部门改善工作服务质量献计献策,把服务管理与增强学生公德意识、培养学生与人和睦相处的能力和团队协作精神结合起来。管理部门介入高校学生党建工作的最终目的是通过以人为本的管理、细心的关爱,使学生体会到"家"的感觉,使管理工作达到一个新的高度,即由单纯的管理育人向管理与服务双育人转变。

其次,后勤工作人员要牢固树立"服务第一"的思想,推进学校后勤工作改革,创造"服务育人"的良好氛围,真正为学生排忧解难。对于饮食服务中心来说,就是要通过加强对食品卫生安全的监管,不断提高饭菜质量,为学生提供更多质优价廉的菜品选择,满足不同口味同学的需求。宿舍管理中心要通过建立标准化学生公寓,对原有老宿舍进行改造,不断改善住宿条件,力争达到教育部规定的"本科四人间,硕士两人间,博士一人间"的住宿标准,为广大学生创造一个安全、卫生、舒适的学习生活环境。物业部门应以创建文明生态校园为目标,安排专门人员负责校园环境规划设计,依校内建筑风格绘制校园环境建设平面图,精心打造一个优美、高雅、文明的育人环境。让校园内每一个视点都发挥育人功能,创设"墙

高校党建与思想政治工作研究

壁能说话,花木会作诗"的情境。突出体现"绿化、净化、美化、文化"的特色,实现以育人为主的多方位优化布局,开辟一条德育新途径。

四、建立学校、家庭和社会联动机制

家庭是个体成长过程中的第一课堂,父母是首任教师,父母的信仰状况直接影响到子女的世界观、人生观和价值观。随着高等教育大众化时代的来临,高校与社会的联系日益密切。由于"社会风气是社会文明程度的重要标志,是社会价值导向的集中体现",社会风气的好坏直接影响到高校学生党建工作的效果。社会转型期间出现的各种问题、矛盾以及许多不好的社会风气在高校也有不同程度的反映。所有这些都严重冲击着传统的大学生党建工作模式和工作体系,高校党组织依靠自己单一的力量已经很难达到预期的教育目标,而作为影响学生成长的家庭、社会环境,通过直接或间接的途径越来越多地参与学校教育。为了使高校学生党建工作的目标得以实现,学校、家庭、社会必须协调一致、方向统一;如果各方目标纷乱而缺乏一致,就会造成冲突与混乱,从而削弱、破坏教育效果。

高校学生党建工作面临的严峻形势,要求党务工作者应依据社会趋势与学生人格建构的规律,对一切影响学生发展的有关因素进行有目的、有计划、有组织的调控,把封闭式的高校学生党建工作体系转化为大党建的工作体系,积极探索建立学校、家庭和社会整体联动的有效工作机制,实现学校、家庭、社会的同步与统一。高校党组织要建立与学生家长的有效联系沟通机制,充分发挥家庭的教育功能,务必使每一位学生家长都要明白党建工作对于大学生成才成长的重要意义。作为学生家长,更要以良好的思想道德修养和崇高的政治觉悟为子女做出表率,在开展做人和做事教育的基础上,进一步帮助学生树立正确的世界观、人生观和价值观。此外,高校党组织还应主动争取社会各方面对党建工作的关心支持,通过与教育、实践、实习基地和用人单位建立联系,组织大学生参观爱国主义教育基地,参与社会实践和教育实习,加强对大学生的"三观"教育。

也可以通过组织大学生收看弘扬主旋律的影视节目,充分发挥电视、互联网等媒介对大学生的影响,为大学生提供更多更好的文化产品和文化服务,满足大学生日益增长的精神文化需求,形成学校、家庭、社会的联动效应。

第三节 牢固树立创新的理念

创新是一个民族进步的灵魂,是一个国家兴旺发达的不竭动力,也是一个政党永葆生机的源泉。唯有创新,党建工作才有动力、活力和生命力。由于高校的大规模扩招以及市场经济发展过程中的负面影响等引起的学生党建的新情况、新问题正在不断浮现,在此情况下,如何教育引导学生党员和入党积极分子坚定社会主义、共产主义信念,提高鉴别能力,弘扬主旋律,是高校学生党建工作面临的新挑战。创新是高校党组织面临新形势、新问题和新挑战的必然选择,也是与时俱进推进高校学生党建工作的根本途径。面对新形势,只有不断强化创新意识、倡导创新精神、培养创新能力,树立新观念、寻求新载体、完善新机制,才能从根本上增强党建工作的实效性。

一、创新高校学生党建工作的方法

实践证明,思路决定出路,方法决定成效。高校学生党建工作只有不断创新工作思路和工作方法,才能够跟上形势发展的需要,实现学生党建工作的可持续发展。当代大学生思想活动的独立性、选择性、多样性、差异性明显增强,面对这种新形势、新情况,高校学生党建工作要在继承优良传统的基础上着力于方法手段的创新,尤其是要克服一些形式主义的做法。要根据当代大学生的思想实际,做到有的放矢,对症下药,因地因事因人而异,避免空洞说教。改革开放带来了人们思想观念的深刻变化,而学生党建工作从内容到方法都没有及时调整到位。集中表现为教育者和教育对象关系的错位,过多地强调和突出了教育者的外在作用,忽视了教育对象内心自我教育意识的觉醒。在现实工作中党务工作者应该平等地对待学生，充分地体现对人的尊重，使学生党建工作更富感染力和人情味。而尊重学生的主体性不仅仅表现为与大学生的平等对话和交流，更多地体现为大学生党建工作的内容——思想理论建设、组织建设、作风建设和制度建设能否有效地与学生的需求结合起来。党务工作者不能仅仅满足于单纯的马克思主义理论灌输，而是要充分调动学生参与的积极性，通过启发、引导、讨论、协商等各种互动环节，鼓励入党积极分子和学生党员进行思想碰撞，使大学生在开展党建工作的过程中不再是一个单纯的、被动的接受者角色，而是具有了能动性、自主性、创造性的独立个体。通过解决学生的思想问题，尊重学生的情感和认知，引导学生去做自己思想的主人，使他们在思考与发现中体会到成长的快乐，从而增强学生党建工作的实效性。

　　比如在对大学生党员进行思想政治教育的过程中，为增强党员继续教育的效果，南开大学推出了党员继续教育的"红色生日"工程。该校学生党建工作部门认为每个大学生党员都有两个"生日"，一个是赋予了大学生个体生命的自然生日，一个是赋予了大学生政治生命的"红色生日"——入党纪念日。自然生日无可选择，而理想和信仰的抉择，却出于个人的意愿和理性，这一生日将会影响到大学生的一生。通过将过生日这样一种大学生喜闻乐见的交际形式引入党支部生活，要求大学生党支部坚持为支部成员过"红色生日"，以此来增强大学生的党员意识和党性修养，可以收到意想不到的教育效果。有鉴于此，该校要求所有大学生支部都要参与"红色生日"工程，学生党建工作部门只从宏观上规定活动的主要环节，如当事人发表"生日感言"，总结汇报一年来思想发展状况；支部成员发表"生日贺词"，对当事人予以客观评价，并提出希望；支部全体成员共唱"生日歌"——重温入党誓词，等等。对于具体的实施细节则交由大学生党支部自主决定，鼓励大学生党支部发挥全体支部成员的创造力，大胆探索丰富多样的实施形式和活动内容。南开大学通过创新高校学生党建工作的方法，将自然生日的理念引入到"红色生日"，极大地增强了党员继续教育的效果,从而将党建工作做到大学生党员的心灵深处。

二、创新高校学生党建工作的载体

高校学生党建工作要坚持与时俱进的精神,积极探索与新形势要求相适应、立意深刻,富有教育意义和具有知识性、趣味性的党建工作活动载体。创新学生党建工作载体,应注意三个问题。一是要立足实际,立足校情,突出针对性。本着实用、实际、实效的原则,结合校情和各级党组织自身建设的实际,探索切实可行的活动载体。既要使载体鲜活,体现出创新,又切忌形式主义、搞花架子。二是要与时俱进,适应形势和任务的要求进行创新。创新活动载体,要体现时代特征,坚持与时俱进,切忌保守封闭、形式落后于需要,滞后于发展,一定要使载体体现鲜活、生动、超前、适用的特点,保证活动载体开展于局部,作用于全局,切实达到新载体有新效果。三是围绕党建工作薄弱环节创新载体。要通过创新活动载体,增强薄弱环节的学生党建工作,以提高党建工作的整体质量和水平。

三、创新高校学生党建工作的机制

工作机制创新是高校党组织始终保持创造力、凝聚力和战斗力的力量所在。面对新形势,高校学生党建工作创新必须借助强有力的机制创新。机制创新涉及高校党建工作的方方面面,影响学校工作全局。组织工作创新和思想理论工作创新都必须依靠有效的机制,而党建工作队伍的建设和日常管理等更需要有机制创新的保障。高等学校要根据学生党建的特点和学生党员发展工作的实际,积极探索各个环节的制度化建设,进而形成整套具有可操作性的工作程序,使高校学生党建工作逐步实现制度化、规范化。具体来说,就是要从以下几个方面创新高校学生党建工作的机制。一是创新领导机制,探索建立一套自上而下的组织结构体系,确保学生党建工作走上健康有序的发展轨道,从而实现领导的科学化。二是创新教育培训机制,实现育人制度化。育人制度化是党组织在对入党积极分子和大学生党员培养教育的过程中建立的一系列制度,主要有党校培训制度、思想汇报制度、党员联系人制度、继续教育制度等。三是创新质量保证机制,实现发展制度化。发展制度化是党组织在发展党员时建立的一些制度,按照党员发展程序可分为发展计划预报与公示制度、公开答辩制度、责任追究制度、预备党员考察制度等。四是创新监督约束机制,主要是指创新包括考察制度、目标管理制度、民主评议制度和监督反馈制度在内的高校学生党建工作监督考评体系,实现监管制度化。五是创新经费保障机制,实现保障有力化。这主要是指通过加大对学生党建工作的经费投入,完善党建基础设施和活动基地建设,为高校学生党建工作的正常开展提供必要的场地和设施。

第四章　新时代高校思想政治教育工作原理

第一节　思想政治教育主体间性的结构与演化

　　思想政治教育是意识形态的一种体现方式。思想政治教育是阶级社会的产物并具有鲜明的阶级性。思想政治教育的内涵随着不同的社会具体形态发生演变。在中国古代虽然没有"思想政治教育"一词,但统治者也运用各种方式与手段来控制人们思想,以巩固自身统治与政权稳定。进入信息时代,思想政治教育要与网络技术紧密结合。网络技术创造于人,究其本质是人类运用智慧创造其生存方式的技术。

　　不能将以此生存技术方式来建构网络思想政治教育简单理解为"以网络技术工具作为载体的思想政治教育",而是以网络技术媒介奠定的生存方式、思维方式、行为方式为基础的思想政治教育。思想政治教育是人的活动,这里的人指的是"现实的人",而不是抽象的人。"人的本质不是单个人所固有的抽象物,在其现实性上,它是一切社会关系的总和"。"现实的人"即处在一定社会关系中、进行社会实践的个人。网络环境下思想政治教育的人即网民,也离不开这一范畴。尽管网络环境相对于现实环境具有虚拟性,但网民并非简单的"上网之人",也是生存于网络社会"现实的人"。网络实践中的"现实的人"所应有的特征,由网民在网络社会空间中的网络人机互动、网络人际互动以及网络人我互动三大基本关系所确证。

　　网民是在网络社会空间中各种社会意识、观念、思想相互激荡的存在物。因其特殊性,作为网络社会空间中的网络思想政治教育的教育者与受教者之间的对应关系,也应当发生相应的变化。此变化不再像传统思想政治教育那样有相对固定的主客体关系,而是网民与网民之间的主体性互动关系,即主体间性。

一、网络思想政治教育主体间性的结构表达

与现实思想政治教育特征不同,网络思想政治教育的主体间性,是在网络技术的物质载体基础上建立起来的思想政治教育的教育者与受教育者主体性精神活动有机结合的内在属性。这种属性来自网络思想政治教育主体间性的内在结构。结构决定属性,属性反映结构。在分析了网络思想政治教育主体间性的外在特征基础上,就需要探究网络思想政治教育主体间性的内在结构表达,以便真正研究网络思想政治教育主体间性的内在本质。

网络思想政治教育主体间性的结构表达实质,就是网络思想政治教育实践活动中主体性与主体性之间的内在关联性。所谓内在关联性就是网络思想政治教育主体间性是如何架构的。

无论是现实生活,还是网络生活,人始终是主体,这是由人的本质所决定的。在现实生活中,由于政治结构、政治制度等社会因素所制约,这会导致一部分人对另一部分人的对象化关系存在,即主客体的关系。在网络技术生存里,政治结构、政治制度等现实立体金字塔式的权力结构,被网络数字扁平化为一种近似平等的结构模式。网络空间中虚拟主体在交往实践的基础之上形成了主体即意义上的新型主客体关系,即主体间性,也正是这种主体间性的关系,将原来的纵向结构表达转化为横向结构表达。

(一)以网民为主体的结构表达

网络思想政治教育主体间性的结构表达,首先是以网民为基点的网民主体性与之对应主体性的结构表达。在这个结构中,网民与网络技术之间的主体性表达是其前提,网民与网民之间的主体性表达是其基础,网民与网群之间的主体性表达是其核心,网民与网络社会之间的主体性表达是其目的,网民与自我之间的主体性表达是其升华。从而构成"网民—

网络技术—网群—网络社会—自我"五位一体的内在深层结构模式。

1. 网民与网络技术的结构表达

网民与网络技术的结构表达主要是指网民与网络技术相互作为主体性之间的结构表达。

网民与网络技术之间主体性互动关系起源于人与自然之间的内在关系。人是自然界的产物,但同时又在不断地通过实践改造着自然界。根据人的实践程度,自然界可以分为已经打上人类实践活动烙印的人化自然和尚未被人类改造的自在自然。在人改造自然的过程中,人为主体,自然为客体,生产工具是连接主、客体的中介。技术(工具)不仅是人自身器官功能的延伸,而且还是人自身器官功能的超越。

在如今的网络技术时代,这种超越已经远远超出人的身体感官界限。这时,人与技术之间的关系从主、客体关系被延伸为主体性与主体性之间的主体间性关系。这一主体间性的具体表现形式是网民对网络技术以及网络技术对网民的主体间性的结构表达。

(1) 网民对网络技术的主体间性的结构表达

网民对网络技术主体间性的结构表达,具体表现在网民对网络技术的支配与被支配的主体性关系。这种主体性关系表现在两点。第一,人按机动的结构表达。即计算机随着网民按下启动按钮开始启动,计算机按照网民发出的指令进行主体性回应。第二,人拖窗移的结构表达。即计算机的界面窗口随着网民的点击来回移动。

网民对技术之间的主体间性结构的表达,反映了人与技术之间的逻辑关系,是人自身创造性存在与创造性物的存在之间的内在结构表达,是人自身生存与发展的存在方式。

(2) 网络技术对网民的主体间性的结构表达

网络技术作为人自身功能的外在表现形式,大大延伸了个体的感官认知功能,可以帮助人们获得自身感官范围以外的一些信息,能够极大地实现对人自我感官功能的超越。这种机器作为整个人类智慧的集合体,已经不再是单个人所能超越。因此从这个意义上来说,计算机网络是具有网民的主体存在性的,因而产生网络技术对网民的主体间性结构表达。网络技术对网民主体间性具体结构的表达如下:

第一,机动人随。所谓机动人随就是网民的反应随着计算机的运行而变化。当网民打开计算机的按钮,启动计算机的时候,一切程序正常启动,网民开始接受计算机所呈现的信息;反之,当计算机程序混乱的时候,网民接收信息的渠道则受到阻挠。此外,人们接受信息的程度大小也与计算机所呈现的信息多少息息相关。

第二,机响人听。发报机可以说是机器对人听觉结构表达的起点。最初,人们依靠发报机所发出的各式各样的滴答声来接收对方表达的含义,后来,音响技术得到了广泛的推广与应用,在收音机、电话、计算机、网络技术中随处可见音响技术的影子。网民在使用网络技术的过程中,安装上音响,就可以听到网络技术所播放的声音,不仅可以接收信息,而且可以根据声音节奏而扭动全身。

第三,机播人视。所谓机播人视是指人可以通过肉眼观察以视屏方式展现在人的面前的信息。机播人视的启示来源于皮影技术,随着工业技术的发展,皮影技术渐渐地演变为无声电影,再到后来的有声电影、电视机。现在网络中的计算机视屏除了是对电视机的延伸,更是对电视机技术的综合运用。除了看、听、随意点击节目等,网民也可以与弹出的话题进行互动。此时,不仅网民的视觉功能得到了延伸,五官功能均被网络技术所焕发出的主体性激活,引诱着人主体性的再生。

第四,机触人悦。人的各种器官反应依存于人的内在,但这些器官的反应均可通过人的皮肤这一外在表面接触而传递。因此,根据皮肤的这一触觉功能,人们研制出计算机的界面触屏功能。一旦网民用手触及计算机界面,计算机就会根据人们的触摸操作给出相应的回应。网民触觉到网络计算机界面,就相当于计算机界面触觉到了网民的皮肤,这时计算机界面就会给网民发出各种信息,这些信息让网民的整个内心世界活跃起来,而使网民感到身心愉悦。

因此，人与网络技术之间的结构表达不是主客体之间的关系，而是技术化的人与人化的技术之间主体性的结构表达，是互动主体间性的互动表达。

2. 网民与网民的结构表达

网络思想政治教育主体间性的网民与网络技术之间的主体间性结构表达，是网络思想政治教育主体性存在的基础，此基础解决了网络思想政治教育的生存方式问题。思想政治教育的本质是意识形态的灌输和教化，是一种精神实践活动。网络思想政治教育是在现实物质技术基础之上建构起来的一种精神实践活动。这种精神实践活动就必然要建构在精神活动的自身根基上，网络思想政治教育主体间性的根基就是网络技术与网民之间主体间性的实践活动。

在网络社会空间中，网络技术互动及人主体间性的本质，造就了网络社会空间中以人（主体性）—机（主体性）—人（主体性）为基本模式的双向互动结构表达。在网络社会空间中，网民之间的关系是类似平等的，因此网络思想政治教育主体间性的网民与网民结构的表达常以横向结构的表达为主。在横向结构表达中，网民与网民结构的表达可以分为单个网民与单个网民的一一对应、单个网民与多个网民的一对多以及多个网民与单个网民的多对一的结构表达。单个网民与单个网民的一一对应结构的表达，反映的是单个网民对单个网民思想的影响；单个网民对多个网民的一对多结构的表达，是单个网民的思想对多数人的思想影响；多个网民对单个网民结构的表达是多种思想对单个网民思想的影响。不管是单个与单个、单个与多个还是多个与单个的网民关系，实质均是网民的主体性与主体性之间的互动关系。此互动关系是主体间性的关系。

彼此互动的关系是作为网民主体性的表现形式。因此，主体性之间的关系就是主体间性的关系。这种主体间性的表达方式可能是瞬间性完成，也可以是间断性完成。

3. 网民与网群的结构表达

不应该将网民与网群的结构表达简单看作网民与网群之间的从属关系，而是地位近似的平等关系。不同于简单的数量关系和若即若离关系，网民与网群的结构表达是一种社会价值取向关系，也可以说是人的社会化关系。人的本质是一切社会关系的总和，因此没有人的社会关系基础，人的所有关系将无法建构，更谈不上思想政治教育中教育与被教育的关系。网民与网群的结构表达根据网民与网群的对应关系，可分为网民对网群的结构表达和网群对网民的结构表达。

(1)单个网民对某一网群的结构表达

网群是由互联网用户和基于社交网络中网络数据的社区网络构建的社交空间。这个空间中有无数的用户和群组。网络用户是个人在互联网社交空间中的个体，社区网络是基于特定事件或行为的网络用户群体。互联网用户对群体的结构性表达，在于它是否会对群体产生影响。

(2)单个网民对多个网群的结构表达

在网络社会空间，网民和网群都具有多样性。网群是网民因网结群。网络社会空间中的网群均是网民因某一基点而结成群体。此群体既有正式的群体，也有非正式的群体。正式的群体是相对固定的，与此相反，非正式群体则是具有流动性的、不固定的，随时因事而结，因事而散。单个网民对多个网群的结构表达，实质就是单个网民在面对多个相对固定的价值取向上的取舍。在此取舍上，网民是根据自身的价值取向来做出价值判断的。网民在网络社会空间中面对多个价值取向，常常会迷失方向，无法做出判断。在此情况下，网民在网群中看哪个网群的群体实力强就会选择哪个网群。

(3)多个网民对某个网群的结构表达

在网民与网群的互动中，除了单个网民与某个网群之间的互动外，还存在着多个网民与某个网群之间的互动关系。多个网民是指不同的网民对某个网群的互动影响。多个网民实质就是多个不同的价值实体对某一相对固定的价值实体的互动方式。这种互动的结果就是要么网民被吸入到网群之中,要么网民被网群拒之门外。无论是网民被吸收入网群之中,或是网民被网群拒之门外,都是网民与网群之间的价值互动关系,是人与人之间内在生成的结构表达。

(4)多个网民对多个网群的结构表达

在网络社会空间中,网民与网群之间是交织的复杂过程。即网民与网群之间是相互转换的过程。网民与网群之间是随时都在变化的过程。因此,在网络社会空间中,多个网民对多个网群的结构表达还存在着多个网民对多个网群之间的结构表达,即网民与网群之间相互交叉、相互重叠生成的表达。该表达是网民与网群之间极为复杂的关系。网民的思想意识生成在这极为复杂的关系中生成与发展。

(二)以网群为主体的结构表达

人是群居性动物。人群居的最初形式以血缘为纽带。随着技术的发展,人的群居就成了以技术工具作为载体,以利益关系为核心的生存关系。网络技术是计算机技术发展到特定阶段的产物,因此,以网络技术作为生存手段而建构的网群理所当然地是网民的群居方式生存。网群是网民在网络生存空间因网结缘的生存状态,是网民依靠网络实践活动而结成的。

网民在网络社会空间中所结成的群体是多种多样的。按照技术层面有BBS论坛、网络会议、网络聊天等,按照形式分为正式群体与非正式群体,按照功能可分为教育类与娱乐类等。

1. 网群与网络技术的结构表达

技术不是单个人的发明物,而是人类社会集体智慧的产物。从技术工具出现之日起,技术就将人联系在一起而形成群体。因此,不同的社会群体发明、制造了不同的技术工具,而不同的技术工具又导致不同社会群体的形成。技术的发明与使用,奠定了群体的范围与性质。这不是一种自然属性,而是一种社会属性;不是孤立的个体属性,而是彼此依赖的关系属性。

(1)网群对网络技术的结构表达

网群对网络技术的结构表达体现为网群的集体智慧对网络技术发展的促进作用。技术不是单个人的发明与创造,而是人类社会集体智慧的结晶。从网络技术发展史看,计算机的发明不是单个人的发明,而是热衷于计算机技术的人的集体智慧成就;计算机网络不是单个人的凭空想象,而是一群热衷于互联网研究的人的集体智慧成果;网络中的赛博空间不是单个人的空间,而是一群在其空间进行交流的社会空间。网络社会空间是网络社会化与社会网络化的简称,是现实社会在网络中的延伸。网群对网络技术的结构表达,揭示的是现实存在的人的集体智慧对过去存在技术载体的作用关系,这种关系是人自身现实存在对过去的反思与批判。

(2)网络技术对网群的结构表达

网络技术不是单纯对象化的技术手段,而是人主体性物化的表现形式。网络技术自诞生之日起就是具有人的主体性的存在物。计算机不是简单的机械,而是人工智能化的机械,它具有很强的储存功能、逻辑程序功能等。当网民启动计算机后,计算机的程序就会自动呈现,不需要人一一加以操作、控制等。当计算机以自身程序运行时,网民就须随着计算机的程序而行动。当计算机进入万维网、互联网时,网络技术不断地刺激着网民的思维方式与行为方式。网络技术对网民的主体性作用不是直接体现在技术本身,而是体现在技术使用给网民所带来的各种便利上。单独计算机的主体性体现在计算机技术操作对网民的影响上。互联网的主体性体现在无限的信息对网民思维方式、行为方式的刺激上。互联网的社区空间是人与人心灵相互交流的场域。这种网络技术对网民的主体性结构表达是网民自由全面发展的前提。

2. 网群与网民的结构表达

网群与网民的结构表达是群体对网民的互动关系。网群与网民之间的互动关系,反映在网群对网民以及网民对网群的双层关系上。

(1)网群对网民的结构表达

网群是网民的群体化。网群是集体组织,而不是单个网民的简单集合。网群是网民基于某一特定价值基点而把诸多网民集中在一起的综合体。这一特定的价值基点就是网民与网民形成网群的内在关联性。从网群对网民数量的结构表达上,可分为单个网群对单个网民、多个网群对单个网民以及多个网群对多个网民之间的结构表达。

首先,单一网群对单个网民的结构表达。单一网群对单个网民的结构表达就是指单一网群的内在核心价值对单个网民任意价值的影响。网络社会空间存在着众多网群。这些网群或多或少地存在着相互的关联性。就某一网群的核心价值对单个网民的影响,要么是网群吸收其网民而作为自身网群的一员;要么是网群将该网民踢出网群。导致这一现象的根本原因在于该网群的内在核心价值取向与该网民个体价值取向之间的耦合与冲突。正是这种网群对网民的结构表达,才产生了网群与网民之间或入或出的游离状态。

其次,多个网群对单个网民的结构表达。多个网群对单个网民之间的结构表达是指多个网群的多种群体价值观对单个网民任意价值的影响。网民不是具有唯一价值取向的,任何一个网民在其内心均有多种不同的价值诉求。这种价值需求不是凭空产生的,而是在与不同交往对象的交往实践中产生的。因此,当多个网群与单个网民发生互动时,实质就是多个网群的群体价值取向对单个网民的内在任意价值的结构表达。这种结构表达导致网民思想意识的多元化、多样化,这是任意一个网群都具有的特殊性,存在不同价值观念,这些不同价值观念对网民的不同影响,导致该网民重新建构自己的思想、意识、观念等。

最后,多个网群对多个网民的结构表达。多个网群对多个网民之间的结构表达是指不同网群对不同网民之间的结构关系。多个网群对多个网民的结构表达是多重的立体式结构表达。这种结构表达是网络信息多样化、多元化的主要原因,是导致网络"内爆炸"的根源。这种结构表达不是一个确定的、线性的互动。正是因为如此,网络社会空间中的各种信息才会呈现杂乱无章的状态,这也正是研究网络思想政治教育主体间性的缘由所在。

(2)网民对网群的结构表达

网民对网群的结构表达反映在两个方面:一是网民对网群的依赖关系,二是网民对网群的主导关系。所谓依赖关系是指网民对网群的趋向,是网民的归属。人是社会性的存在。人的本质就在于社会性。人总是在向群体化发展。因此,单个网民总是想找到自身的归属所在,这种结构表达是人的本质反映。网民在网络中的思想意识观念总是在网络互动中产生的。

这种思想意识的产生是网民个体与网群之间的交织。网络群体的思想意识具有一定的集合性、稳定性、规律性等特征,而网民个体的思想意识则具有自由性、随意性、无序性等特征。网络中网民个体总是通过网络跟帖的方式,依赖网络群体以促进网民对网络的结构表达,网民对网群的主导关系的结构表达。无论是网群内的网民或是网群外的网民都存在对网群的主导关系。由网民所结成的网群在网络中的存在是游离的状态,而该网群的发展趋势则需要某一网民价值取向所引导。这种引导的根源在于网群内在的主体价值。这种主体价值或许就来自某个网民自身的价值取向。因此,无论是网民对网群的依赖或是对网群的主导,其实质均是网民对网群的结构表达。

3. 网群与网群的结构表达

网络群体是网络社会空间的重要组成部分。如同网民在网络空间社会一样,也存在着不同的群体。同时网民个体也具有极大的自主性,可以根据自我的意志随时随地进入或者脱离网群。网络群体不仅仅是单个网民的个体意志,也是多数网民意志的体现。并非多数网民意志的简单相加,而是多数网民意志的集中抽象,因此可以说这种意志具有大众性、导向性。社会存在决定社会意识,网络社会作为一种新的社会存在,网民的政治思想、意识观念是在使用网络的实践中形成的,并在其发展过程中上升为社会意识。因此,没有这个特殊阶段,就不可能从个体网民的思想意识观念上升到社会的意识观念。

在网络社会空间中,根据网络技术发展的进程不同,网络技术空间可以相应地划分为不同的网络社会空间。在不同的技术发展阶段,网络社会就会形成与之相对应的群体空间。在技术空间中,网民可以进行思想交流,而形成具有不同特色的思想观念。在此观念中,有的观念能促进社会的发展与进步;有的观念阻碍社会的前进与发展。在借用网络技术空间的同时,网民具有自身的主观能动性。根据网民的兴趣、爱好以及追求的不同,网络社会空间的网群就形成了各自具有特殊性的细小群体。这些群体不仅具有技术性,更具有鲜明的社会意识性。人是政治性的动物,网民的任意行为均是一定社会意识的产物。在网络社会空间中,网络社会存在着众多的网络群体。根据网群的内在性质,网络群体可分为同质网群、异质网群以及同质异质网群交织的结构表达等。

(1)同质网群的结构表达

同质网群的结构表达是指不同的网络群体在交互过程中基于内在价值一致性的结构表达。此种结构表达的特点体现在不同网络群体内在价值取向的一致性。在此一致性的基础上,网络群体可以以不同的形式存在。即便这些网络群体以不同的形式存在,但都有共同目的,那就有助于网络社会的和谐进步,有助于网民的健康发展。同质网群在网络社会空间主要是以参与红色网站的网民或者其他正面教育相关内容的网民所结成的群体。这种群体在本质上是以倡导积极正面教育为主,在价值取向上是一致的。作为这样的群体主体间性的关系具有彼此促进、相互补充、相互完善的作用。

(2)异质网群的结构表达

异质网群的结构表达是指不同网络群体在网络交互过程中基于不同的价值取向所结成的结构表达。

网络社会将世界各地以网络连接在一起,因此必然存在着不同民族、国家因不同历史和文化等因素所导致的差异性。不同的网民总是带着自身现实社会中的意识痕迹进入网络社会空间之中。在此社会空间中,具有不同思想意识的网民又根据自身的兴趣、爱好等结成不同的网络群体。在此群体的结成中,有的是求同存异,有的是存异求同,而网络的异质网群结构表达便是指的后一种结构表达。

(3)同质、异质网群交织的结构表达

在网络空间中,仅仅以同质网群的结构表达或异质网群的结构表达是极其有限的。同质网群、异质网群之间的相互交织互动才是网络群体复杂性关系的体现。这种交织互动在形式上是不同网群的思想意识之间结构表达,在实质上是不同思想意识之间激荡而成的价值取向。此价值取向是网络思想政治教育内容的核心所在。网络思想政治教育的主体性不仅取决于网络群体自身的内在主体性,还取决于网络群体与网络群体之间的主体间性。

二、网络思想政治教育主体间性的生成演化

世界是过程的集合体,世界上的万事万物都处于不断的变化发展之中。网络思想政治教育主体间性不仅是静态的结构表达,还是动态的生成演化过程。

网络思想政治教育主体间性的生成要素是网络思想政治教育主体间性生成的基本单位。网络思想政治教育主体间性的生成要素与传思想政治教育主体间性的生成要素是不同的。网络思想政治教育主体间性的生成是在网络技术背景之下产生的,而非现实的物理空间。生存于网络社会空间的网民是研究网络思想政治教育主体间性的逻辑起点,因而网络思想政治教育主体间性生成机制的研究,需要围绕网民自身生存演化所展开。网民生存于网络技术平台之上,具有鲜明的技术性。技术不是单纯的技术,而是有着特定社会关系的技术。在此特定社会关系基础上,生存于技术之上的网民就具有社会性。此社会性是网民政治思想意识生成的根源。

(一)技术性是主体间性生成演化的前提

网络思想政治教育相比一般的思想政治教育而言具有自身的特殊性。从其存在性来看,网络思想政治教育建构在网络技术生存空间之上。因此,在研究网络思想政治教育的时候,必须充分考虑到这一点特殊性,将其置于网络技术生存背景之下来看待。没有网络技术的生存背景,就没有网络思想政治教育的生成,也没有网络思想政治教育主体间性的生成。网络技术与一般的机器技术不同,是一种能动性技术,所谓能动性体现在彼此互动,是人化技术与技术化人之间的交织。此交织过程是人自身的实践过程,是人的生成过程。人的思想意识观念产生是建构在此实践过程基础上的。有什么样的网络实践方式,就会有什么样的网络思想意识观念。网络思想政治教育是网民以网络技术平台为基点,在网络技术实践过程中所产生的思想政治教育实践活动。网络思想政治教育的开展离不开技术的支撑,技术性也是网络思想政治教育的前提。因此,必须研究思想政治教育的技术性,才能研究网络思想政治教育的生成与演化。

1. 网络人技的机体生成

网络人的技术生成是人类技术的生成,即人体生存与网络本身生存之间的关系。人体的生存来源于自然并超越自然,是人类独特的生存方式,是人类内在属性的外在反映,是人类主观性的表现。这种主观形式扩展了人们的器官感知。器官的扩展不是人类器官的自然延伸,而是使用外部技术工具建造的。这种技术结构是机器,也是人与机器之间的桥梁。

2. 网络人技的语言生成

人步入网络时代,与此类似的技术(机器)就发展到了以计算机为基础的网络时代。网络时代的人技生成除了在肌—机体之间的外在生成外,还在人与技术(机器)之间的内在语言生成,这是因为肌—机体是人、技术主体属性的物质存在。没有这个物质的存在就无法探究其内在思想、意识、观念等诸多精神性存在。有了物质存在的外壳,不等于就有了人、技术(机器)的主体性存在。人的主体性存在需要一定的表达,即语言。人类有自己的自然语言,计算机也有自己的语言。人类语言是经过长期历史演变而形成的。人类语言是人与人之间传递各种信息的载体,也是人类思想形成意义的表达。计算机语言是一种符号语言,源于人类语言的扩展。计算机语言也有自己的特点,该独特性就在于超越了人类语言的民族性、地域性、政治意识形态性等。

在网络空间中,互联网用户经常使用简单的数字、符号等来表达超越不同民族和民族语言的历史和民族特征的道理。因此,可以说计算机语言是互联网用户广泛使用的全球语言,而不是特定国家特有的语言。这种语言不是由某个国家的政治、经济或军事实力决定的,而是来自互联网用户公认的心理功能。

3. 网络人技的思维生成

网络人技生成是指人与自身生存于技术之间的内在逻辑生成关系。这种关系的本质是揭示人类存在与人类意识外部载体之间的内在联系。人类意识中的思维水平决定了技术发展的水平,而技术发展又反过来影响着人类意识中的思维水平。正是这种内在的逻辑联系有助于提高人的内在思维水平。如果没有这种内在的逻辑联系,人类意识的思维就会停滞不前。这种内在联系在技术落后的背景下很难发现,但在现代网络技术中,人们通过网络技术在计算机和人脑之间建立了有机联系,因此人们不再怀疑这种内在的逻辑思维联系。

正是由于这种内在的逻辑思维,人们促进了意识的发展和超越。这种意识形态的发展和超越包括人类政治意识形态的发展和超越。人类政治意识形态的发展与超越,绝非仅仅局限于政治意识形态本身,更体现在特定的生活方式中。而具体的政治意识形态与人类赖以生存的技术手段息息相关。在网络技术生存的大背景下,人们的政治意识形态深深地"印"在技术上。这种技术涉及人与技术之间的逻辑联系。

人技逻辑关系,即人技的思维关系,此关系是内向、外向之间相互转换关系。计算机技术不是凭空创造的技术,而是人类主观能动性反射的产物。计算机程序是基于人类思维的逻辑模型创建的。人类思维具有自然、社会和技术属性,计算机思维具有技术、社会和自然属性。简单地说,人脑和计算机之间有太多共同点。人类思维的水平是由人类存在的物理空间决定的,而计算机思维的水平是由人类控制的。

无论是人技的肌—机体生成、语言生成还是思维生成,实质都是在揭示人与技术之间有何内在逻辑关系。无论人与技术生成过程中人与技术之间有何矛盾或是规律,其根本目的都是揭示人与技术之间主体性的关系。

(二)关系性是主体间性生成演化的基础

网络思想政治教育主体间性的关系性生成建立在人自身生存的基础之上。只有人的关系性生成才会导致人的思想、意识等精神性的生成与发展。技术性的生存只是人的关系性生成的前提。没有网络思想政治教育的关系性生成,就不可能有网络思想政治教育主体间性的关系性生成。

1. 网络人际关系性生成

网络人际关系性生成是指网民(网群)与网民(网群)之间的关系性生成。根据网络人际关系的类型,可将网络人际关系性生成分为网民与网民之间、网群与网群之间以及网民与网群之间的人际关系性生成。这些关系性生成是建构在网络人际关系性生成的基础之上的。网络人际关系性生成是以网络人与人之间的交往关系为基础的。交往是人的社会性需要。人不是孤立的存在物,而是社会关系的存在物。既然人是社会关系的存在物,人就必然要交往。在现实物理空间中,由于受到物理条件的制约,人与人之间的交往范围非常狭小。但科学技术的发展打破了血缘性、地域性等交往的局限,使人的交往迈向世界。在网络社会空间中,任何网民一旦进入网络社会空间,只需打开网页,移动鼠标,浏览信息,结交朋友,就可成为世界性的网民。

(1)网民与网民之间的人际关系性生成

网民与网民之间的人际关系性生成是网络人际关系性生成的基本形

式,是单个网民主体性与单个网民主体性之间的关系性生成。根据网民在网络社会空间中的情感表达形式,可将网民与网民之间的主体性关系生成分为娱乐、互助、情感等主体性关系的生成。

首先,网民与网民的娱乐性关系生成。网民与网民之间的娱乐性关系生成主要体现在,网民在网络社会空间中是以娱乐为目的所建构的关系生成。此关系表现为直接关系与间接关系两种。此关系生成表面上是网民与计算机之间的关系生成,实质是网民与网络游戏设计者之间的关系生成。

其次,网民与网民的互助关系性生成。网民与网民的互助关系性生成不仅停留在娱乐方面的关系性生成,还可上升为互助关系性生成。网络中的互助关系就是相互帮助的关系,即需要帮助与提供帮助的关系。网络中的互助关系有直接互助关系与间接互助关系。此时间性的差异就是间接性的帮助方式,即间接性的互助关系。但是,无论是直接还是间接的互助关系,实质都是人与人之间的需要帮助与满足帮助的关系性生成。

最后,网民与网民的情感关系性生成。网民是人,人是情感性的存在物。人非草木,孰能无情。但是,人的感情不是在单个孤立存在物中生成的,而是在人与人之间的交往中生成的。在现实生活中,人总处于各种情感之中,有父母与子女之情、夫妻之情、兄弟姐妹之情、朋友之情等。这些情感不是凭空产生的,而是人们在社会实践中彼此生成的。在网络社会空间中,网民仍然是处在人与人之间的交往关系中,具有各种情感的关系性生成。

(2)网民与网群之间的人际关系性生成

网络人际的关系性生成不仅存在着网民间的人际关系性生成,也存在着网民与网群间的人际关系性生成。此关系性生成思考的是网民个体与网民群体间的关系性生成。此关系性生成的发展趋势有网民个体引导群体和群体规范网民个体,无论是个体引导群体还是群体规范个体,实质都是个体与群体之间的关系性生成。

(3)网群与网群间的人际关系性生成

网群的人际关系性生成是指不同网络群体之间的关系性生成。网群是网民基于不同缘由而聚集成群。在网络社会空间中,网群并不是孤立的存在物,而是彼此关系的存在物。此关系存在不是直接关系的存在,而是间接关系的存在。此关系性存在的根基在于网络社会空间中网民间的社会性。网群间人际关系生成的发展趋势为:①由不同小网群转向大网群;②大网群分裂为不同的小网群。总之,网群间的人际关系性生成是分分合合的关系性生成。

2. 网络人我关系生成

网络思想政治教育不仅具有外在的塑造与被塑造关系,还具有内在的生成关系。网络思想政治教育的内在生成关系是网络思想政治教育的核心。网络思想政治教育的内在生成关系是网络人我关系。人不仅是社会性的存在,更是时代性和政治性的存在。人具有鲜明的政治性。此政治性体现在我国特定的思想政治教育之中。网络人我关系的生成、发展就是网民的自我生成、发展。网民自我关系的生成是网民自身内在主体性生成的外在表现。此内在关系表现为网络人我的生理与心理、动机与行为、事实与价值等关系性生成。

(1)网民的生理与心理关系生成

人是自然的人,也是社会的人。人既然是自然存在的人,人就有生理的属性。无论是现实存在的人还是虚拟社会生存的网民,都是以生理存在为前提。没有生理生命的存在,现实的人或是虚拟社会空间的网民就没有生命存在。人不仅是单纯的生理存在,还是社会的存在。既然人是社会的存在,人就要参加社会实践活动。人在社会实践活动中就会因为外界事物的刺激而产生心理现象。人的心理活动是人生理对外界刺激的内在反映。人的生理变化与人的心理变化之间存在着内在的逻辑关系。此关系就是人的生理与心理的关系生成。

(2)动机与行为关系生成

如果网民生理与心理的主体属性关系的生成是网民个体自然属性向社会属性转换的过程,是网民外在生理机能向内在心理活动转换的关系生成,那么网民的动机与行为关系生成则是网民由内在向外在转化的关系性生成。此关系生成是网民内在需求转化为向外在实践的方式,是网民从外界获取信息能量的重要通道。网民作为社会性的存在,具有多重属性。网民的动机与行为这一关系是网民作为个体存在所需要的关系属性。网民在网络中很难受到现实客观因素的制约,因为网民很容易将自己的动机通过网络文本转化为自己的网络行为。在此空间中,网民的动机与行为之间的主体性转化是瞬间即可完成的主体性关系。此关系的转化为探寻网民的思想意识变化提供了心理机能依据。

(3)事实与价值关系生成

在网络人我关系中,网络人我关系除了人自身存在的生理与心理、动机与行为关系生成外,还存在着人作为社会关系产物的事实与价值关系的生成。网络人我关系的事实与价值生成是人在现实生活中事实与价值关系生成的延伸。这种延伸不是现实生活简单的翻版,而是基于网络技术特殊生存方式的新型生存方式。人我关系的事实是人在社会实践过程中内在关系的沉积。此沉积不是内在关系的简单累加,而是按照人自身社会实践发展方向所建构的特定历史文本存在。事实是存在,事实是文化,事实是人存在的表征。人在社会实践过程中呈现了生理与心理、动机与行为的关系。这些关系经过时间的演绎建构了人自身的事实与价值关系。

网络社会空间中的网民生成是一种关系性生成。此关系性生成既有外在的关系性生成,也有内在的关系性生成。只要是关系性生成就是主体性关系生成,即主体间性的关系生成。主体间性的关系生成是人存在与发展的基础,也是网络思想政治教育主体间性研究的基石。

(三)互动性是主体间性生成演化的关键

网络思想政治教育主体间性的生成是互动性的关系生成。此互动性生成不是建构在虚无缥缈的虚幻世界,而是建构在现实的网络社会空间之中。在网络社会空间中,网民的存在与发展不是处在居于物理空间相对静止的关系存在,而是随着网络技术自身的发展而发展,尤其是网民基于网络技术生存的政治、经济、文化等变化而变化。网民不是相对静止的人,而是每时每刻都在运动、变化、发展的人。正是因为网民生存的运动性呈现出了网民自身的互动性,网民在网络社会空间中常以"自由人"的方式存在。网民之所以以"自由人"的形式存在,是因为网民在网络社会空间中,以身体缺场的方式参与了网络活动。

互动性是人主体性的外在表现,是不同主体性之间的相互作用。人具有主体性存在。人的本质是社会关系的总和。人是主体性与主体性之间相互作用的产物,而不是单个独立存在的孤立物。由此可见,主体间性是人本质的外在表现形式。

虽说主体间性是人本质的外在表现形式,但不同的人具有不同的主体性。人的主体性源于人本质的诸多因素。在多重因素作用下,人具有自身社会内化以及社会外化的双向过程。在现实物理空间中,人自身受到自然因素的影响,因此人的社会化进程较为缓慢。在网络社会空间中,网民的生存空间被现代网络技术所打破,使人处于完全社会化的状态,此时网民的主体性被完全激活了。被激活的网民在网络社会空间中是自由的"漫游者",可以在网络信息空间中游来游去。之所以如此,是因为网络技术已经把人们在现实生活中的时空给彻底撕碎了。在现实的时空中,人们所理解的时空是时间的一维性、空间的三维性。在网络空间里,时空已经不再是现实生活的一维或三维了,而是多维的时空、非线性时空。如此的时空变化导致网民的生存变化。网民的生存变化就导致网民自身主体性的变化,进而呈现网民的多维互动性。

这里所谈论的网民互动不是指网民简单的社会性互动,而是具有特定属性的互动,即网民在社会性互动基础上的政治思想意识互动。人是政治性的动物,因此网民在自身社会互动的过程中必然要涉及网民内在的政治思想意识互动。这种政治思想意识的内在互动是网络思想政治教育研究的范畴。网络思想政治教育主体间性的研究不是简单的主体性与主体性之间的内在关系,而是网民内在的政治思想意识范畴内的主体性与主体性之间的关系。此内在的主体性与主体性之间的关系不是简单的彼此互动关系,而是在彼此互动关系的基础上揭示以何种政治思想意识的主体属性引领、导向另一种政治思想意识的主体属性关系,以弘扬网络社会空间中的正能量。为了更好地揭示网络社会空间中网民的内在互动性关系,现仅以单个网民参与互动为基点的视角加以分析。以单个网民

高校党建与思想政治工作研究

参与互动的关系,体现在网民的双向互动性生成与网民的多维互动性生成上。

1. 双向互动性的生成

网民双向互动性生成,是指网民与网民之间的互动性生成。此时网民双向互动性生成是特指网民作为思想政治教育特定主客体关系的互动性生成,而不是网民一般社会关系的生成。此关系生成的前提是网民具有特定政治思想意识的主体性存在,而不是一般网民主体性存在。

网络思想政治教育主体间性的双向互动性生成,是网络思想政治教育过程中,网民主体性与网民主体性之间,内在的思想政治意识基于网络社会空间中的相互影响、相互作用的交织过程。此过程建构的实质是网络思想政治教育的政治性这一根本话题。生成目的是网民政治思想意识的彼此提升。网络思想政治教育主体间性的双向互动性生成按其互动方向,可分为横向性双向互动性生成与纵向性双向互动性生成。

横向性的双向互动性生成,又可根据互动着力点的不同,分为以网民为基点、网络文本为基点的双向互动性生成。以网民为基点的双向互动性生成是指人技互动、人际互动以及人我互动的双向互动性生成,同时也有网民与网民、网民与网群以及网群与网群之间的双向互动。以网络文本为基点的双向互动性生成有网络文本与网民、网络文本与网络以及网络文本与网络社会的双向互动性生成。之所以要取网络文本作为双向互动性生成基点,是因为网络文本不是单纯技术性文本存在,而是人的主体性的技术性与社会性的共在,是人主体间性的外在表现形式。

纵向性双向互动性生成是指以网络技术发展为标志的互动性生成,有网民的网络界面、网络赛博空间、网络社区、网络社会等双向互动性生成。该生成的实质是网民随着网络技术发展的双向互动性生成,是网民网络技术成熟的发展过程,是网民政治思想意识基于网络的技术手段、技术存在,再到技术互动的形成和发展过程。此过程既有网民个体的生成过程,也有网络群体的生成过程,更有网民与网群交织的生成过程。

因此，无论是横向还是纵向的网络思想政治教育主体间性的双向互动性生成，其实质就是网民自身网络政治思想意识的形成、发展过程。

2. 多维互动性的生成

人的存在不是单向存在，也不仅是双向存在，而是多维存在。互联网用户亦是如此。互联网用户存在于许多方面，网络社会空间中的互联网用户，面对网络社会空间的诸多要素，形成了多维存在。在这个存在的多维空间中，互联网用户需要与不同的行为者建立关系。这种关系的存在不仅是静态的，而且是主体之间的关系。

在网民政治思想意识的生成中，网民的政治思想意识生成不是单向、双向存在，而是有着与网民自身生存的多维互动性关系存在，这是网络思想政治教育主体间性的多维互动性生成。可见，网络思想政治教育主体间性的互动性生成不仅是双向互动性生成，更是多维互动性生成。在网络社会空间里，网络技术的互动本质使实现社会的立体结构逐渐扁平化为多维的横向结构。

在这种平面的社会网络中，横向和纵向的互动不是从一种互动中产生的，而是从多维互动中产生的。多维互动的出现体现在互联网用户和技术、互联网用户和互联网用户、互联网用户和互联网团体、互联网用户和互联网社会、互联网团体和互联网团体以及互联网团体和互联网社会之间的相互作用上。这种互动既包括外在的社会结构，也包括内在的精神建设。因此，网络思想政治教育主体之间的互动是一个创造多维互动的过程。

第二节 网络文化与思想政治教育的相互影响

一、网络文化对思想政治教育的影响

思想政治教育是在人的生存需要和生存现实的双重需要之下产生

高校党建与思想政治工作研究

的,其发展受人的现实生存条件所制约。"随着互联网的发展,越来越多的信息通过网络自发地传播出去,它对于信息的传播具有快速、高效、覆盖面广的特点。"基于以上特点,网络文化的出现影响着思想政治教育的各个因素,从而影响思想政治教育效果。思想政治教育的基本要素包括思想政治教育主体、思想政治教育客体、思想政治教育介体、思想政治教育环体。

(一)网络文化对思想政治教育主、客体的影响

思想政治教育主体,是指思想政治教育的组织者、发动者、实施者;与此对应的思想政治教育客体,指的是思想政治教育的接受者和受动者。无论是思想政治教育的主体还是客体,都是现实的人,教育的最终目的指向是实现人的全面发展。因此,网络文化对思想政治教育主、客体的双重影响等同于对人的发展境遇的影响。网络的兴起掀起了人类社会的一场巨大而深刻的变革。网络文化是网络时代特征和内容的体现。网络文化对于人们认识世界和改造世界发挥着巨大作用。不仅如此,网络文化对人的全面发展也起到了极大助推作用,在网络文化条件下,无论是人的全面发展内涵还是其实现途径都得到了极大的拓展。

1. 诱发人的新的认知模式

人的认知模式是社会存在的反映,有什么样的社会存在便会有什么样的认知模式。无论是在什么时代,人类的认知活动总是受到纵横交错的网络系统影响。人的认知模式的演进以"扬弃"为特征,呈现出螺旋式上升的总趋势,在这一趋势中,人的认知成果更加沉淀、认知结构更加优化。任何新技术的发明和应用,都会直接或间接地影响人类感知事物的基本方式。网络信息时代体现了科学技术的一次新跃迁,有助于人类认识模式的演进。网络文化作为最新、最全面地调动人的感官的媒介,必定使人产生新的认知习惯和思维方式。网络文化实践活动是信息科技运用的社会活动过程,更是直接地影响着人对事物的认知模式。

(1)认知过程的人机协同性

人类认知活动有一个发生、发展、变化的过程。传统社会中的人际交

往往会受到人们在社会地位、生活方式、文化层次、认知差异等方面的差异的影响,而产生交流交往过程中的隔阂与障碍。脑科学、认知科学和信息科学的发展,使得人脑和电脑的结合愈加密切,人类文明的进步则是人脑和机器协同进化的结果。信息的网络化,打破了人们交往交流的界限,将世界连接为一个"地球村",人们足不出户便可以使用电脑和网络与不同国家、不同地域的人们一起,进行远程协作交流活动。网络认知过程的人机协同大大突破了人类认识的时空界限,人类认知的潜能得到进一步的释放,不可避免地改变现有的社会组织、群体合作的性质与作用,人们的责权关系以及彼此熟悉程度,最终影响到社会的生产力和生产关系。

(2)认知过程的即时交互性

即时性和互动性是网络认知的突出特点。互联网跨越了时间和空间的界限,增加了人们的交流能力,甚至允许人们通过"计算机空间"中相对制度化的接触和互动来创建或加入"在线社区"。互联网社区成员之间的信息交流是复杂和同步的。

(3)认知过程的虚拟感受性

网络用户可以自由使用互联网,只要他们遵守技术规则和协议,并具有一定的技术能力。人们使用虚拟现实技术来创建一个类似于现实世界的虚拟世界,并可以自由配置虚拟世界。虚拟现实技术具有遥感功能,具有现实世界的所有主要组成部分。虚拟现实技术可以激发人们内心的艺术创造力,并利用想象力创造一个人工世界。虚拟现实技术改变了人类自己创造的感官结构,以呈现一个本体论上等同于自然的世界。从最基本的意义上讲,虚拟现实技术不仅是一种工具创造技术,也是一种创造全世界经验的技术。

(4)认知过程的群体贡献性

人类知识的传统生产是通过个人或狭隘的群体操作进行的。信息技术的缺乏和信息渠道的阻塞导致人类认知的碎片化,进而影响人的认知模型。在信息网络时代,人类知识的生产方式不再局限于个体操作,而是利用先进的信息技术实现人类知识的社会化和网络化生产。实现群策群力、分工协作、协同攻关。

高校党建与思想政治工作研究

(5)认知过程的动态创新性

网络文化中的大量信息是人类取之不尽的智库。网络文化对提高人类理解的效率、广度和深度的积极影响是不可估量的。人类认知成就更新速度加快。在线电子图书馆、百科全书、在线出版物和专题网页不仅是集体知识的产物,而且是网络社区成员通过快速搜索引擎收集的研究材料。丰富的信息,结合实时互动讨论和轻松的研究环境,使人类认知的创新成为可能。网络技术的特点为每个网络用户提供了高度自由的在线学习空间。

2. 推进人的思维方式转变

现代科学技术的发展,必然会深刻影响和改变人们的思维方式。这种思维方式与一定的历史时期、实践发展水平和科学文化背景有关。这是人类大脑中社会实践的内化,随着社会文明的发展和科学技术的发展而发生变化。它是一个特定时代人们生活条件和生活方式的合理表达。科技进步的每一步都拓宽了人们在空间和时间上的视野,促进了人们思维和观点的变化和发展。信息技术的发展带来了新的视角、新的知识结构、新的语言和新的类别,从而提高了思考能力,扩大了思维范围,促进了新思维方式的形成和发展。网络文化的出现使人类的心理运动能够以虚拟和数字的方式表达事物,并在虚拟空间中创造新事物,从而创造出自然空间中无法存在的事物。这导致了虚拟现实和虚拟世界的形成,引发了人类思维和行为框架的变化,并影响了传统思维方式。网络文化创造了一种适合网络信息时代的思维方式——一种深入思考、概括为人类整体存在水平的网络思维方式。

3. 促进人的主体性的生成

主体性是指主体在客观活动中体现或实现的自主性、主动性和创造性。从本质上讲,它指的是人类的自我认知、自我理解、自我确信、自我塑造和超越的生命运动,以及它所表现出来的各种特征。人类主体性的起源有两个原因：动物的自然进化与劳动和实际活动作为人类活动的出现。人的主体性最终只能在社会实践中产生和发展。

网络文化作为现代信息技术创造的新文化形式，实质上是人类生存和社会发展的新方式，是人类实践的新形式。这种新的实践形式是人的主观性产生和发展的重要动力，是实现和完善人的支配地位的桥梁。

(1) 网络文化提升人的自主性

首先，开启了人的"生命体"潜能，使之成为"有力量的人"。人作为一种对象性存在物，对自然界、外部感性世界具有依赖感。人在意识到依赖性的前提下，扩展了他们的智力、身体和感官能力，发展和释放了他们作为主体的基本力量和才能，并发挥了他们在生活中的潜力。作为人类实践的一种新形式，网络文化使参与者能够更快、更有效地获得知识，提高学习能力并扩展知识结构。其次，它加强了人们在社会关系中的独立性，使他们成为"有个性的人"。网络虚拟空间为人们打开了一个多样化的世界，在这个世界中，人们在处理社会工作和主体互动等基本社会关系时，表现出更加自觉、自主和独立的状态，并变得越来越个性化。

随着网络通信的发展，网络文化将不可避免地打破现有的通信限制，加强地区、行业、民族和国家之间的联系。促进不同文化群体之间的理解和容忍，并在一定程度上减少文化冲突和障碍，形成共同的文化价值观。

(2) 网络文化触发了人的能动性

互联网的虚拟化使得探索未知领域变得更加紧迫。人类的想象力和人的超越本性促使人们不断超越现实，从而促进人类进步和社会发展。此外，互联网正在扩大新的实践领域。随着虚拟技术的出现，人们可以利用计算机智能和虚拟现实的超现实优势，将不可能的东西转化为现实，或者将只能在思维中显示但在现实空间中难以显示的可能性转化为可能性。可以在虚拟空间中播放在现实生活中难以显示的对象。网络虚拟化已经成为人们探索未知领域的新的载体。互联网不仅使人们能够面对新的机遇，而且扩大了视野，加强了创新，丰富了信息资源，加强了合作，提高了技术水平。所有这些都促使人们展望未来和新的开放机会。

(3)网络文化驱动了人的创造性

创造是人作为主体的规定性,代表了人与动物之间的根本区别,是人作为客体最重要的表现。互联网文化作为一种新的实践形式,其主要目的是创造。创造力是网络文化的内在特征和最高表现,也是人类实践活动最深层的本质。在网络社会中,认知主体通过接受和处理信息,不断超越自己,创造新的知识,同时面对他人的智慧。

(二)网络文化对思想政治教育介体的影响

思想政治教育介体,主要是指思想政治教育主体与思想政治教育客体相互联系、相互作用的中介因素,主要包括思想政治教育主体在思想政治教育过程中作用于思想政治教育客体的思想信息内容和思想政治教育方式。网络作为网络文化中物质文化的核心,成为思想政治教育的新介体,从而丰富和拓展了思想政治教育的信息内容,增加了思想政治教育手段和方式。

1. 对思想政治教育学科思维的影响

思维方式是人的生存样态和生存方式的理性表达。实践是发展和改变思维方式的基础。随着人类实践的发展和变化,人类思维方式也随之发生变化。思想政治教育作为一项实践教育活动,是教育工作者思想教育的重要组成部分。同时,在一定时期的发展中,思想政治教育在人们基本思维方式的基础上形成了相对固定的学科思维。一方面,它成为保证思想政治教育进程实现的重要中介;另一方面,它也塑造了思想方式和受教育程度。

2. 对思想政治教育话语权的影响

语言是人类生存和交流的重要手段。没有语言,人类文明就不会进一步发展和进步,思想政治教育就不会出现和实现。语言是进行思想政治教育的主要手段。语言是基于人类生存和发展的需要而产生的,它不是永久性的,而是随着人类的发展而变化的。同时,语言变化影响着人类的生存和未来发展,也影响着思想政治教育的过程和实现。思想政治教育话语权的本质是表达利益的权利,是特定利益相关者通过具有特定价值观的文化话语表达利益的权利和利益的统一。互联网文化话语权是文化话语权在网络空间的特殊呈现形式,也是其在数字时代的集中体现。这一领域敏感度高,已成为不同文化话语相互博弈的重要阵地,在潜移默化间,对思想政治教育产生了不可忽视的影响。随着社会的发展和虚拟网络的影响,人类语言有以下三个显著特征。

第一,语言更新速度加快。接入网络用户的数量越多,网络价值也越多。网络文化不仅是一种全球性文化,也是一种技术性存在。目前,人类语言的更新速度与网络交往的全球性,以及所依赖的技术特点与更新速度的不断加快息息相关。

第二,人们在网络文化形成过程中创造了新的语言,如网络技术的专用术语、网络简语、网络俗语等。在网络文化中,语言更新的加快和新语言的出现,丰富了思想政治教育的语言,使其更加生动、多样、活泼,能够承载更多的教育信息,增强思想政治教育的吸引力。

第三,随着新技术革命的产生、发展和信息高速公路的搭建,网络日益成为人们生活的有机组成部分,网络领域同样成为意识形态斗争的重要阵地。

(三)网络文化对思想政治教育环体的影响

思想政治教育环体,又称为"思想政治教育环境",是指与思想政治教育有关的,对人的思想政治品德形成、发展产生影响的外部因素。网络文化发展对思想政治教育环境的影响也不例外。网络文化扩大了思想政治教育的环境,为思想政治教育提供了真实和虚拟的教育环境。网络文化超越了时间和空间的限制,扩大了思想政治教育的覆盖面。

1. 将各媒体教育信息融为一体

在网络文化的背景下,交互式多媒体可以有效地集成分散在各区域的通信系统,使其成为高速、高性能的数据传输系统。思想政治教育可以对其进行有效传播。网络媒体在信息传播方面有许多优势,如及时性、交互性、连续性、多样性等。通过互联网,人们可以很容易找到重大政治事件、先进典型人物的事迹,以及电视、报纸等其他大众媒体的最新信息,及时纳入思想政治教育内容。

2. 将不同地域的信息融为一体

在网络文化背景下,思想政治教育信息具有开放性和共享性特点,这决定了存储在互联网上的思想政治教育资料很容易被需要的人获取和拥有。不同地区和国家的思想政治教育组织和个人,不仅可以共享思想政治教育资源,还可以在网上就思想政治教育进行讨论和交流,使思想政治教育信息更加多样和开放。

3. 打破思想政治教育的时空限制

传统的思想政治教育总是受到时间和空间的限制,而网络允许思想政治教育在更大的地理和时间范围内传播,而不受时间和空间的限制。通过各种网络终端,教育机构和客户可以随时随地查看和访问信息。思想政治教育可以实现一对一、一对多、多对一、多对多等单、双、多向的没有时空限制的交流,真正实现个性化的因材施教教育方式。

4. 有利于形成思想政治教育合力

通过互联网传播,有助于将国家和社会对学生的要求、教育目标和家长的期望有机地结合起来,充分整合社会、家庭和教育机构的资源,形成思想政治教育的合力。学生可以通过互联网了解社会的变化和发展,了解国家和社会的需求。家长可以通过互联网与教育机构保持联系,了解学生的思想、学习和生活动态。这扩大了高校思想政治教育的覆盖范围,成为思想政治教育社会化开放的空间。这使得思想政治教育能够在更广泛的背景下发挥更灵活的作用,并有助于提高意识形态和思想政治教育的及时性和有效性。

二、思想政治教育对网络文化的作用

随着计算机技术的飞速发展、虚拟网络社会的悄然形成,网络作为社会主义文化的新载体,已经成为人类生存的新形式、新形态和新图景。"网络是高校开展思想政治教育的全新途径及平台,势必需要予以正确的引领和指导。"网络文化渗透和影响着人类生活的方方面面,使人们在工作、交流、休闲、教育、思维等方面发生了深刻变化。思想政治教育作为意识形态的一部分,不容忽视。网络文化的兴起对思想政治教育产生了全面而深刻的影响,而不是片面或肤浅的影响。网络文化为思想政治教育提供了新的内容,引发了整个思想政治教育体系的变革。面对网络文化,思想政治教育不是被动接受和适应的。相反,作为精神激励和智力支持,它可以引导和调节网络文化的健康发展,整合文化资源,形成强大的活力。

(一)思想政治教育对网络文化的引领与规范作用

1. 引导网络文化主体思想和行为

无论是思想政治教育的主体还是网络文化的主体,最终方向都指向决定网络文化发展方向的人。思想政治教育源于人类生存的现实需求,其发展受到人类生活条件的制约。人的生存是思想政治教育的重中之重,也是思想政治教育的基本出发点。思想政治教育具有领导作用,通过激励、动员、教育、批评和监督,引导人们的思想和行动走上符合社会发展要求的正确道路。

思想政治教育作为指导和改变人们在思想和认知层面的教育实践,可以帮助人们建立崇高的理想和信念。可以促进科学合理的社会主义意识形态价值观和崇高道德品质渗透到网络文化中,增强人们的思想意识、政治意识,引导人们在思想价值多元化共存中学会正确判断和选择,有效抵御西方资本主义意识形态的入侵和影响,巩固网络文化的主导地位。要为网络文化创造有利的思想政治环境,确保网络文化的正确部署和

高校党建与思想政治工作研究

实施。

思想政治教育可以通过培养人们的世界观、人生观和价值观,提高人们对网络素养和对网络文化的理性理解。它有助于正确理解个人与社会之间的关系、个人发展目标与社会发展目标之间的关系,甚至整个人类发展目标之间的关系,并有意识地将个人发展目标与社会发展目标联系起来,以便引导人们在网络世界中的思想和行为,而不是简单的娱乐和休闲形式。

2. 规范和调控网络文化主体行为

思想政治教育的规范和调控功能,主要是指通过影响和制约受教育者的思想和行为,使受教育者的思想和行为符合社会规范和社会制度的要求,体现了思想政治教育的目的。

思想政治教育可以将社会规范和制度的要求内化为网络文化主体固有的行为和习惯。通过自律,可以实现网络文化主体行为的规范、限制和纠正。思想政治教育可以通过隐性教育形成社会主义荣辱观,将符合社会主义先进文化的道德规范和行为准则,内化为个人的价值观、生存观、伦理观。这可以帮助学生形成自我限制和自我调节的意识,并将其外化为符合社会道德规范的习惯和行为模式,形成良好的习惯和行为。

同时,思想政治教育可以引导网络文化主体正确理解社会规范和社会系统的意义和作用,以及网络行为对他人、社会和自身的影响,从而认识到社会规范对个人网络行为的限制和调控,自觉地将外部规范性要求内化为自己的思想道德品质和行为准则,从而自觉地保护网络文化环境。思想政治教育可以通过行为规范、法律制度、舆论等外部力量,实现对网络主体行为的限制、规范和调整。思想政治教育通过虚拟社会规范来确定他们在网络空间中的权利和义务,这些规范可以通过外部力量来约束和规范人类行为。思想政治教育也可以在网络社会中发挥引导作用,形成良好的网络舆论氛围和积极的网络文化环境,对人们的网络行为形成强有力的外部制约,从而减少和避免互联网上的不当行为。

此外，思想政治教育可以与法律法规和制度相结合，在法律和制度层面上，保持和加强思想政治教育主体行为中的一些限制和规范性内容。结合一定的激励和制裁措施，鼓励和促进对真善美的追求，严惩和打击恶意网络活动，从而清理网络环境，保持网络文化健康发展。

(二)思想政治教育对网络文化的塑造与培育作用

1.意识形态教育和理想信念教育

意识形态教育和理想信念教育是思想政治教育的重要内容，也是其区别于其他教育的重要体现。

第一，思想政治教育可以采取多种形式、方式和渠道，帮助学生树立科学的世界观、人生观和价值观，加强政治立场和态度，增强政治意识，增强理想信念。

第二，思想政治教育可通过形式多样的活动向受教育者宣传党的路线、方针、政策，并通过直观形象的数据与事实向受教育者展示中国特色社会主义制度的优越性，展示我国改革开放以来的成就，使受教育者坚持中国特色社会主义信念，正确认识与看待中国特色社会主义建设过程中遇到的问题与难题，坚持中国特色社会主义的共同理想。此外，它还可以充分利用多媒体技术和网络文化中的虚拟现实技术，举办大型节日和历史事件的纪念活动，让学生增强爱国主义、集体主义价值观。在增强对历史和国家的责任感和使命感的同时，它也有机地将个人理想与社会的共同理想联系起来，使教育工作者能够理性地考虑网络文化为人类发展带来的机遇和挑战。

第三，能够提高受教育者的政治鉴别能力，使其在复杂、多样的海量信息中做出合理、正确的选择。

2.人的主体性和主体意识的培养

在主、客体关系中，主体性是相对于客体而言的存在，是人区别于活动客体，人作为活动主体的能动性、自主性和自为性，不仅是人之为人的重要标志，也是作为活动主体的特性。在网络文化中，人的主体性状况对网络文化的快速发展有着直接影响,而且,网络文化在提升了人的主体性的同时,也使其形成了新的主体依赖。培养和发展受教育者的主体性作为思想政治教育的重要任务之一,是人的主体性生成和发展的主导因素。

第一,人的主体性的形成与发展受到一定社会的发展状况和社会内在规律的制约,只有在遵循客观规律的前提下,顺应社会发展趋势,人的主体性才能有良好的发展和发挥。目前网络文化的快速发展极大地影响了社会和人类发展的新模式和趋势。思想政治教育使他们能够根据客观规律发挥主观主动性,从而培养和塑造适应人类生存和发展现状的主体。

第二,思维方式和思维能力是人的主体性的重要表征。思想政治教育能够使学生树立科学的世界观、人生观、价值观以及辩证思维方法,引导他们正确认识网络文化的影响,形成正确的价值观,用理性思维抵制大量信息的影响。辩证理解网络、网络价值观和网络文化的作用。此外,思想政治教育还可以通过信息素养教育提高受教育者的辩证思维,批判地吸收信息,使网络文化真正成为展示人的主观性和本质力量的有效载体,从而提高人的主体地位。

第三,网络文化的开放性、自由性极大地增强了人们的主观性,但也带来了过度主观性的问题,侵犯了其他主体甚至人民和国家的利益。思想政治教育可以帮助学生正确理解和管理与他人、社会、国家和整个世界的关系,将个人利益与他人利益、国家利益和人类命运联系起来,并有意识地控制个人的网络行为。这使学生能够在虚拟空间中理性地发挥主观性,形成和谐有序的网络文化环境。

3. 道德教育和法律教育

道德和法律教育是意识形态的重要组成部分,也是思想政治教育的重要内容。一方面,思想政治教育对人进行智力、道德等方面的教育,使他们能够明确精神文化中的道德要求,认识到道德自律对自己、他人和网络文化环境的意义和价值,并激励受教育者追求高尚的道德,唤醒人性的高尚一面,提高他们的道德品质和精神水平,通过主体的道德自律减少违反道德规范的行为;另一方面,思想政治教育通过向网络主体提供法律和道德教育,提高他们的法律意识和法律素养,使他们能够逐步将法律法规的外部约束内化为自己的习惯和行为规范。

(三)思想政治教育对网络文化的激励与整合作用

思想政治教育既可以通过主流价值观的传递来对网络文化主体思想和行为起到引导和规范作用,也可以通过人性化的教育对其产生培养和塑造作用,通过教育力量和教育资源的整合对虚拟社会的秩序化发展起到促进作用,更好地实现与现实社会的良性互动。

1.思想政治教育的激励功能

激励功能是指在思想政治教育中,教育者通过各种手段和方法,鼓励受教育者在学习、工作和劳动中表现出高度的积极性、主动性和创造性,激发主体活力。激励功能是思想政治教育最为重要的一个功能。概括而言,思想政治教育是受教育者内化与外化相统一的过程。其中,内化的过程是人们在接受思想政治教育的过程中,将符合一定社会发展和人的发展需要的政治观念、价值观念、理想信念、道德观念等转化为受教育者内心信念,并形成自我思想体系的过程。内化是实现思想政治教育目标的前提与基础,但思想政治教育不能仅仅停留在内化的阶段,而是应该通过一定的激励手段,促进受教育者将其内心信念外化为其积极的行为,也就是说不仅仅要"内化于心",更要"外化于行",才能真正使思想政治教育解决人们的"知"与"行"不统一的矛盾。

从这个意义上来说,激励功能是能够最直接、最现实、最有效地实现思想政治教育目的的功能。这启示我们在进行思想政治教育的过程中,应当根据当前时代特征和人的生存特点,以情动人、以理服人,引导受教育者充分发挥其积极性、主动性、创造性进行积极的行为,最大程度地发挥思想政治教育对网络文化的激励价值与功能,从而形成良好风尚与和谐的网络文化氛围。

首先,思想政治教育能够凭借其有温度的人文关怀优势。从思想政治教育的内容来看,对受教育者进行主旋律教育,尤其是当前将党史融入思想政治教育,能够唤起和激发受教育者对理想信念的坚持与追求,并将这份信念与执着转化为行动的驱动力,使受教育者在投身社会实践时树立起强烈的历史使命感与社会责任感。

其次,思想政治教育通过道德教育,可以在网络中创造良好的舆论环境。互联网的使用拓展了道德教育的空间与平台,使道德教育可以借助多媒体技术拓展延伸至虚拟空间进行。从而在网络中树立起道德规范,使人们在使用网络的过程中,也可以利用善恶评价标准来进行道德评判,从而督促人们在网络中也不忘培养道德情感、道德意志,形成积极向上的网络环境。

再次,思想政治教育通过一定的奖惩措施,激发受教育者在网络世界中的积极行为。在精神层面,网络文化以其广泛性、超时空性、全球性等特点,可以对古今中外的先进人物进行宣传,使受教育者受到榜样激发而产生自我的道德热情与责任感。在制度层面,要不断完善网络文化中的制度建设,对网络世界中的违法犯罪行为和不道德行为进行网络舆论评价和法律制裁,激发人们对制度的敬畏感。

最后,思想政治教育可以通过显性教育和隐性教育相结合的方式,使价值观引导融入人们生活的方方面面。通过网络文化,可以将社会主流价值观融入视频、音乐、游戏之中,以隐性教育的方式使受教育者在娱乐过程中潜移默化地接受正向价值观的熏陶,激发和调动受教育者的内在精神动力,从而外化于行。

2. 整合和凝聚个体思想、观点与行为

整合和凝聚功能是指思想政治教育能将分散的、个性化差异大的个人,通过其特有的方式与内容,凝聚和整合成一股向其既定目标共同团结奋斗的力量。这是思想政治教育的突出功能。

在虚拟的网络空间,思想政治教育主要是通过网络舆论和舆情引导来整合个体分散的观点和行为。在有关社会普遍关注的热点问题和与网络文化主体切身相关的利益问题等方面,人们可以通过转发、跟帖、评论等方式来积极参与讨论,思想政治教育可以根据网络的这一交互性特点,倾听受教育者的心声,从而更加清楚地了解受教育者的真实需要和思想困惑,从而有针对性地对主体反映的共同需要进行关注,更加有效地在思想与现实问题的结合中凝聚人心。同时,网络文化可以更加及时地批判和揭露各种歪曲理论,及时对受教育者进行积极的引导,从而使受教育者进行正确的价值判断与价值选择,整合和凝聚网络文化主体的力量,形成健康、向上、积极、和谐的网络文化环境。

第三节 高校思想政治教育的观念及创新

一、高校思想政治教育的观念

观念是对于现实的反映,不是凭空产生的。网络背景下的思想政治教育观念是针对当前教育中的一些基本问题而产生的,主要包括教育本质观、教育价值观、教育实践观和教育质量观四部分。教育本质观提出教育的本质是将人培养成符合社会发展需要的人才,教育价值观提出教育的价值在于促进人与社会的和谐统一,教育实践观提出教育的实践要统筹兼顾,教育质量观提出教育要把人培养为具有高技术能力、高水平思维和高品质思想道德的人才。"高校思想政治教育是落实'立德树人'根本任务的主阵地和主渠道。高校思想政治教育创新研究是高校思想政治教育改革创新的内在动力,其内容涵盖高校思想政治教育发展理念、方式方法、话语体系、载体媒介、路径渠道等方面创新。"

二、高校思想政治教育观念创新

(一)高校思想政治教育观念创新的概念

创新是指在原有事物的基础上,利用新的知识和技术,对原有事物进行改进的过程。创新通常要运用新的指导理论,着重强调引入新的概念

高校党建与思想政治工作研究

与变革,创造出新的事物、构成和方法等,并对事物进行重新排列组合和挖掘提炼。它的目的是满足社会发展的需要,从中获取更大的收益和价值。

高校思想政治教育理念要根据社会发展需要不断创新,深刻反思现有教育理论,重新界定人才培养的目标、方法和内容。高校思想政治教育观念的创新必须立足实践,不断分析和解决新出现的形势和问题。我们要不断探索新的教育增长点,深化创新,通过创新突破旧的教育理念,推动教育改革和发展。

(二)高校思想政治教育观念创新的现实基础

1. 高校思想政治教育观念创新是必要的

观念是一定社会形态下人们在社会实践基础上形成的精神产物。社会形态是一个不断变化发展的动态过程,社会的变化发展会带来与之对应的观念变化。社会的发展也带来生产力水平的提高和社会结构的变化,当一定的观念不再与社会发展相适应,成为社会发展的阻碍的时候,便需要相应的变革。因此,在网络快速发展的背景下,高校思想政治教育观念的创新迫在眉睫。

2. 高校思想政治教育观念创新具有紧迫性

和平与发展是当今世界发展的两大主题,而创新和可持续发展则是人类发展的两大主题。知识经济时代的到来,科学技术的迅猛发展,生产力的不断提高,使得国与国之间的竞争日趋激烈。国与国之间的竞争除了经济竞争、军事竞争,更重要的是人才竞争。在我国传统的应试教育模式中,分数是衡量学生学习水平的唯一标准。传统模式下呆板的权威式管理制度和填鸭式的灌输教学方法,也对学生自主学习能力的发展产生了巨大的阻碍。不把这些问题从根本上解决,就难以培养出适应社会发展的创新型人才。因此,我们必须进行思想政治教育的观念革新,以培育更加适应新世纪各种变化和严峻形势的创新人才。

3.高校思想政治教育观念创新任务是艰巨的

高校思想政治教育观念受到主观因素和客观因素的双重制约。主观因素主要是指来自人自身的因素,包括个人的身心发展水平、理论素养和实践经验等;客观因素主要是指来自社会的因素,包括社会发展水平、传统观念及文化、国家发展战略、域外国家的影响等。全面推进素质教育不仅要从人才层面下功夫,培养现代化人才,还要注重教师队伍的培养,培养具有前瞻性思维、敢于创新的教师。在教育过程中,教师作为教育者,承担着施教的重任,活动在教育的最前线,其质量直接影响着教育的质量。只有当教师队伍整体素养提高,容易接受新事物新理念的时候,才能够成为高校思想政治教育观念创新的引路人。因此,教师要鼓足改革创新的勇气,站在时代的前沿,在实践中发现问题、分析问题,把握教育规律,建立起现代化的高校思想政治教育观念。

(三)高校思想政治教育观念创新的基本条件

一般来说,创新是一个去除旧事物、建立新事物,弃旧从新的过程。但弃旧从新并不意味着对旧事物的全盘否定,而是一个扬弃的过程,即对旧事物取其精华、去其糟粕。因此,创新就是在对旧事物批判继承的基础之上,创造出新的符合社会发展的思维方式和技术方法。学会创新,不仅要善于从前人的智慧结晶中汲取精华,更要提炼出适合时代的科研成果和客观规律,进而上升至科学的概念与体系。

教育创新应鼓励教师创新教学内容、方法和理论,掌握新的教育理论,掌握教育发展的最新趋势,促进优质课程的推广和开发。将高质量的课程转变为教学改革的引导,可以促进其他课程的发展,促进课程设计和课堂教育改革。我们将大力推进"课堂内外融合"建设,将课堂教学与课外教学相结合,打造课堂教学、学习报告、思想交流相结合的平台。这不仅为学生提供了在课堂上练习所学知识的机会,而且提高了教师的专业技能。在教学实践中,教师应加强培养教学和研究意识与能力,充分考虑不同课程之间的差异,采取不同的激励措施和项目活动,统一学科管理和运作。

(四)高校思想政治教育观念创新的具体做法

1. 建设新的教育体制

互联网的发展也促进了思想政治教育体制的创新。新的教育体制包括新的教学机制、新的学科和新课程等内容。教育体制要敢于创新,不能因循守旧,只有勇于进行教育体制的创新才能充分调动教师的积极性,提高教育的质量和成效。通过成立校董会、创办校际联合体等方式,使教师更加有精力、有动力投身到教育创新中来;通过设置灵活多样的课程来培育适应社会发展需要的人才。

2. 提高教师学习能力

学习能力主要包括教学设计、课堂教学、教学媒体的设计与应用等方面。在互联网时代,学习能力已经不再仅仅指专业理论知识和研究能力,还要包括对于新技术的包容与应用能力。提高教师学习能力也要注重这些层面能力的培养。

3. 加强教育与社会的联系

对于社会而言,教育的目的是培养服务社会发展的优质人才。在教学过程中,教师应多与家长沟通,引导学生积极参加社会实践活动,如开展问卷调查、宣传社区环境知识等。这些社会活动可以帮助学生了解社会环境,以便他们日后能够更好、更快地融入社会。

三、高校思想政治教育观念体系的创新

社会水平的提高促进了人才培养水平的提高,作为培养学生思想素质层面的思想政治教育,自然也面临着社会水平提高所带来的新要求。

(一)价值观的创新

树立个人价值与社会价值内在统一的新价值观是大学生思想政治教育价值创新的主要目的之一。在市场经济的影响下,个人价值观难免要

受到个人逐利的影响。这既是个人生存发展的需要,也是市场竞争机制下个人欲望的体现。因此,这在当前的思想政治教育工作中是无法回避的,在进行思想政治教育时必须充分考虑到这一点。

除此之外,在我国市场经济的发展过程中,社会中还出现了只关注个人价值而无视社会价值的错误倾向。这种思想蔓延到高校便表现为思想政治教育工作中一味追求满足人的需要,而忽略社会发展要求,这与思想政治教育的目的大相径庭。从根本上说,社会利益与个人利益是统一的,统一于整个社会之中,因此不应将其看作对立的关系。

个人的全面发展要以社会各方面的发展为前提,社会和国家为个人的全面发展提供环境基础,保障个人的合法权益,达到个人自由的目标,必须处在社会共同体之中。个人的全面发展也可以促进社会的全面发展。这要求我们建立完整的个人和社会价值观,同时满足社会发展的需要,避免片面的社会价值观。根据社会发展需要,积极服从和保证社会和国家利益,克服片面的社会价值观,实现自身价值观。

(二)方法观的创新

思想政治教育方法创新应当把教育者和受教育者结合起来。教师要从思想政治教育方法的选择和应用做起,充分发挥学生的积极性。

(三)主体观的创新

在传统的思想政治教育中,学生的主动性和积极性受到严重压制。事实上,思想政治教育的过程不仅是教师积极准备和实施教育的过程,也是学生根据自己的认知水平和发展需要自学的过程。

(四)质量观的创新

网络思想政治教育质量创新的主要目的,是促进人在思想道德素质和科学文化素质等方面的全面发展。如果只重视科学文化,而不重视思想道德,科学研究就会失去方向和规范。反之,如果只重视思想道德品质,而不重视科学文化,人才就不能满足社会发展的需要,不能满足我国提高生产力的要求,甚至会阻碍我国的发展。思想政治教育要以人为本,充分发挥思想政治教育的双重功能,促进人和社会的全面发展。

四、高校思想政治教育观念创新的要求

第一,摆脱传统工业文明带来的负面影响,培养大学生的生态文明意识。要引导学生关爱自然,尊重自然,树立人与自然和谐统一的观念。

第二,引导学生学习与思考的主动性。不仅要简单地教会学生知识,更要教会学生掌握适合自己的学习方法,以解决知识增长与个人认知差异之间所存在的固有矛盾。

第三,注意以人为本。思想政治工作在其根本上是做好"人"的工作,因此在进行思想政治工作的过程中必须坚持以人为本,关照人的需求。

第四节 高校思想政治教育的使命及任务

一、高校思想政治教育的使命

(一)市场体制与经济全球化的高校思想政治教育

市场体制的确立和经济全球化发展交织在一起,促进了当代社会的飞速发展。市场体制和经济全球化双向促进:市场体制以其自主、竞争、效益机制推进了经济全球化的进程,而经济全球化则不断扩展市场体制的范围来完善市场体制规范。

第一,市场体制为高校思想政治教育提出新课题。我国社会主义市场经济体制确立以来,在为我国的经济、社会带来活力与生机的同时,也伴随着一些问题,为高校思想政治教育带来了一些挑战,例如个人主义、拜金主义等与我国的主流价值观发生冲突。

第二,市场体制与经济全球化背景下的主旋律教育。市场体制和经济全球化发展,不仅使得我国社会发展搭上了快车,也为人的发展提供了极其广大的发展空间和平台。我们在充分享用这一发展机遇的同时,也要冷静地认识到新的背景所带来的经济体制、经济结构、经济方式等方面

的变化。经济基础决定上层建筑,这一变化也必然会导致人们在思想观念、价值取向上的深刻变化,例如拜金主义、金钱至上等观念。高校作为科技、文化发展的前沿阵地,会更早、更直接地面临来自发达资本主义国家经济、科技等方面的挑战。为此,在进行高校思想政治教育时,不仅仅要善于利用新的时代背景所带来的发展机遇,更要善于把我国改革开放的丰硕成果转化为思想政治教育资源。

在市场体制与经济全球化进程中,把主旋律教育作为大学生思想政治教育的重点,符合社会发展与个人成长的双重需要。一方面,这是我国社会发展的客观要求。我国作为发展中国家,各地区各民族之间在经济文化等方面的差异较大,因此需要主旋律教育来凝聚各方面的发展力量。另一方面,这是个人成长的主观需求。坚持进行主旋律教育能够更好地引导人们融入社会化发展的需要。这不仅体现了中华民族五千多年历史发展的深厚传统底蕴,更彰显了时代活力。

(二)科技发展与社会信息化的高校思想政治教育

随着现代科学技术和互联网迅猛发展,特别是计算机的广泛运用,有效开发利用信息资源,使人类进入了社会信息化阶段。对高校思想政治教育来说,科技发展和社会信息化的影响主要有以下两点:

第一,社会信息化促进高校思想政治教育的现代化和科学化。

第二,科技发展与社会信息化条件下促使高校思想政治教育更加注重个人发展。在高校,思想政治教育坚持人本主导,坚持育人为本、德育为先的根本原则,坚持德、智、体、美、劳全面发展的培养目标。坚持德育为先和思想政治教育首位,就是坚持人本主导,帮助学生确立正确的政治、道德、职业、生活目标,形成理想信念,引导他们遵循正确的法治、道德规范,养成良好行为习惯。

二、高校思想政治教育的任务

(一)以理想信念教育为核心

理想信念是人"精神之钙"。因此,高校思想政治教育必须以培育人的理想信念为核心,使受教育者既要树立实现共产主义的伟大理想,又要坚定对中国特色社会主义的信念。在互联网之外的现实世界,理想是在人们的实践中形成的对未来社会和自身发展的向往与追求,是人们的世界观、人生观和价值观在奋斗目标上的集中体现。信念是人们在一定的认识基础上确立的对某种思想或事物坚信不疑,并身体力行的心理态度和精神状态。

(二)以爱国主义教育为重点

爱国主义是调节个人与祖国之间关系的道德要求、政治原则和法律规范,是民族精神的核心。在新的历史条件下,爱国主义教育对振奋民族精神、增强民族凝聚力、建设中国特色社会主义的宏伟事业,具有重要的现实意义和深远的历史意义。

(三)以基本道德规范教育为基础

通过高校思想政治理论课对大学生进行诚实守信的文化传统和现实价值教育;通过诚信教育、生活教育培养大学生形成言必信、行必果,诚心做事、诚实做人,言行一致、表里如一的行为方式;通过制度规范,引导大学生树立诚信为本、操守为重的信用意识和道德观念。

第五章 高校思想政治理论课教学方法改革研究

高校思想政治理论课的性质、功能和特点,是改革和构建高校思想政治理论课教学方法体系的根本依据。进行高校思想政治理论课教学方法体系改革的研究,首先必须对高校思想政治理论课的性质、地位和作用、教学特点有一个明确的认识,在此基础上确定高校思想政治理论课教学方法体系改革的基本原则。

第一节 高校思想政治理论课教学方法体系改革的形势

高校思想政治理论课教育教学作为一种反映国家意志的社会活动,始终都是在一定的时代背景下展开的。正确认识和科学判断国内及国际形势,提出相应的思路对策和解决办法,始终是我们党的优势和传统。正确分析国内国际形势,是制定和执行正确的政治路线和方针政策的重要依据,同时也是改革和构建高校思想政治理论课教学方法体系的前提条件。进入21世纪,我国的国内和国际环境发生了广泛而深刻的变化,这给思想理论教育教学工作带来了新的机遇和挑战。当前,国际国内新的形势对高等学校思想政治理论课教育教学提出了新的任务和要求。

一、高校思想政治理论课教学方法体系改革的新机遇

当前,世界多极化和经济全球化的趋势在曲折中发展,科技革命日新月异,综合国力竞争日趋激烈,各种思想文化相互激荡。我国改革开放进一步深入,社会经济成分、组织形式、就业方式、利益关系和分配方式日益多样化。如何引导大学生正确认识当今世界错综复杂的形势,把握国际局势的发展变化和人类社会的发展趋势;如何引导大学生正确认识国情

和社会主义建设的客观规律,增强在中国共产党领导下全面建成小康社会、加快推进社会主义现代化的自觉性和坚定性;如何引导大学生正确认识肩负的历史使命,努力成为德、智、体、美、劳全面发展的中国特色社会主义事业的建设者和接班人,是必须认真研究解决的重大而紧迫的课题。只有正视国内外形势带来的机遇和挑战,高校思想政治理论课教学方法的改革才能取得实效。

(一)和平与发展的新时代主题

和平与发展的新时代主题,为高校思想政治理论课教学方法改革提供了良好的国际环境。从20世纪80年代特别是进入21世纪以来,国际环境发生了广泛而深刻的变化,这给思想理论教育教学带来新的机遇和挑战。当今世界,科技进步日新月异,以国际互联网为标志的信息网络技术迅猛发展;经济全球化进程加快发展,经济全球化的浪潮正在席卷世界的每一个角落;世界格局多极化趋势不可逆转,国际关系的民主化和规范化加速推进;各种各样的思想、文化在相互激荡中交融较量,文化交流、传播和借鉴发展在快速涌动,人员交流和往来更加频繁;以经济、科技、军事实力和民族凝聚力为主要内容的综合国力竞争日趋激烈。总的来看,和平与发展仍然是时代的主题,争取一个较长时期的国际和平环境是可能的。相对和平稳定的国际环境为我们一心一意搞好经济建设,推动经济和社会的全面进步提供了良好外部条件,不仅有利于我国的社会主义现代化建设,而且有利于思想理论教育教学的稳定发展。

(二)经济全球化的新形势

经济全球化的新形势,为思想政治理论课教育教学内容和方法改革提供了新的源泉。进入21世纪,经济全球化的冲击几乎遍及人类社会的每一个领域。经济全球化就其内容来说主要包括贸易全球化、金融全球化、生产全球化和科技全球化,其实质就在于资源在全球范围内趋向于直接流动和配置,其中不仅包含着物质要素,同时也包含着信息、知识、精神产品等属于文化范畴的要素流动,开放性和多样化已成为当今时代的重要特征。我国积极主动地融入经济全球化,把产业结构的战略性调整作为主线,目的是根据自己的产业基础和资源条件来合理配置资源,发挥比较优势,更多地形成新的支柱产业,在国际市场上占有更多的份额,增强竞争力,实现经济的可持续发展。经济全球化也为各类人才的成长提供了更加广阔的舞台。

从客观上来讲,经济全球化有利于中国特色社会主义文化建设和发展。中国特色的社会主义文化核心和灵魂是马克思主义。马克思主义从来都是一个开放体系,它从来都是在各种文化思潮的相互激荡中发展的。在经济全球化中,必然伴随着其他国家许多先进文化的传入,这就促使我们开阔视野,吸取精华,将其更快地融入社会主义文化体系之中。随着经济全球化趋势的进一步发展,人们的开放意识、主体意识、竞争意识和平等意识逐渐增强,人们的观念将迅速现代化,思想将进一步解放,也必然带来更多的教育内容,如开放观念、全球观念、爱国主义和民族精神、法律意识、协作精神、"国际人"目标等经济全球化所要求的教育内容,进而丰富高校思想政治理论课教育教学的内容,为高校思想政治理论课教育教学方法的改革提供新的途径。

经济全球化有利于思想政治理论课教育教学的发展。经济全球化加强了中外在经济、政治、文化等方面的交流与联系,增加了中外接触与交流的机会,有利于我们学习借鉴和吸收国外先进思想政治教育的理论,丰富我国思想政治教育内容。经济全球化带动了各种科学知识的迅速传播和发展,有利于我们借鉴和吸收世界各国的进步思想道德和文化遗产,扩大人们的知识视野,生活方式也更加文明、科学,为思想政治教育内容和方法的改革和发展提供了新的源泉。经济全球化有利于我们借鉴和吸收国外先进的思想政治教育教学管理方法,促使我们把思想政治教育的优势与现代企业管理方法相结合,增强思想政治教育方法的现代性、科学性。经济全球化有利于我们借鉴和吸收国外思想政治教育的一些成功经验和有效方法,推动思想理论教育方式、方法、手段的现代化,推动思想理论教育的传媒载体、文化载体、管理载体、活动载体等加快发展,促进思想政治教育方法的创新与发展。经济全球化有利于当今大学生树立开放思想,勇于接受挑战,吸收各种先进的思想文化观念,加强自己的品德修养,形成现代化的价值观念。

(三)中国社会发展的新阶段

中国社会发展进入了新的历史阶段,为高校思想政治理论课教学方法改革提供了强大动力。改革开放四十年来,我国利用经济全球化提供的良好外部环境,积极参与世界经济贸易的竞争与合作,通过积极融入全球经济之中加速发展自己,取得了年均9.6%以上的经济增长速度,远远超过世界经济平均增长速度,经济总量位居世界第二,我国进入了全面建成小康社会的新阶段。中国改革开放和全面建成小康社会取得的巨大成就,充分显示了社会主义制度的优越性和强大的生命力,也为思想政治教育和高校思想政治理论课教育教学提供了强大的物质基础和安定团结的政治环境。

第一,中国改革开放的巨大成就和全面建成小康社会的健康发展,彰显了社会主义制度与资本主义制度的比较优势,中国改革开放所取得的巨大成就,证明了党的路线方针的正确性,证明了马克思主义理论的巨大活力。中国改革开放四十年的历史发展证明:改革开放是决定当代中国命运的关键抉择,是发展中国特色社会主义、实现中华民族伟大复兴的必由之路;只有社会主义才能救中国,只有改革开放才能发展中国。我国改革开放的巨大成就和健康发展,增强了思想政治教育内容的说服力和感染力,对坚定大学生的理想与信念,对思想政治教育的实效性会产生极大的促进作用。第二,坚定了思想政治教育工作者的信心。中国改革开放的巨大成就和健康发展,我国安定团结的政治局面使思想政治教育工作者有一个比较宽松的环境,从而安心从事本职工作,排除不利因素的干扰,坚定了思想政治教育工作者的信心。第三,我国改革开放是全面的、全方位的改革开放,是经济、政治、文化和社会各方面的改革和协调发展的改革开放。中国实行的政治体制改革和民主政治建设、建设法治国家的政策措施,顺应了时代发展的潮流,适应了现代社会发展的客观要求,增强了思想政治教育内容的时代性与说服力。第四,改革开放也为高校思想政治理论课教育教学的改革和发展提供了强大动力。

（四）信息网络化的新技术

信息网络化的新技术，为高校思想政治理论课教学方法的改革提供了技术手段。20世纪90年代，国际互联网的出现，开创了以计算机技术应用为核心的信息网络时代。随着国际互联网的飞速发展，它将设置在世界各地的上亿台计算机连接在一起，构成一个巨大的、高速运行的全球计算机信息网络，它消除了时空的阻隔，跨越国界，把整个世界联为一体。互联网的发展使传播媒介更加丰富，它以高效快捷的传播速度，丰富多彩、图文并茂的内容，同步双向互动的交流方式，廉价的办公手段，吸引了大量的网民。

信息网络是现代高科技发展的产物。信息网络化以其开放性、多元性、虚拟性、交互性、平等性、超越时空性等特点，给现代信息传播方式带来革命性的变化。随着互联网的出现，各种思想信息在网上跨国界交流，不同的政治立场、文化观念、道德标准、价值取向和生活方式，以及各种暴力信息云集网上，它们对社会成员的思想道德发展产生了重大的影响。计算机互联网作为开放式的信息传播和交流工具，对思想理论教育教学来说是一把"双刃剑"，利用好则是有力的思想理论教育的新武器，成为思想理论建设的新阵地，利用不好，将是不良思想侵入的突破口，成为整个思想理论教育工作的薄弱环节。

在互联网的交互式交往环境中，思想政治教育者与教育对象的地位、身份、年龄等均被屏蔽，从而使交流双方缩短了心理距离，各种观点、情感交流更加具有真实性、直接性。思想政治教育客体亦能从单纯的对象、被动接受者变为主动参与者。信息网络化的超越时空性，将思想政治教育转变为一种不受时空限制的即时性行为，打破了传统思想政治教育的地域和时间限制以及不可逆的接受关系。因此，高校思想政治理论课教学工作者，要善于运用信息网络技术和网络信息化手段，创新高校思想政治理论课教育教学方法，在任何时候、任何地方，运用多种方式开展思想政治教育，提高思想政治教育的效果。信息网络化为高校思想政治理论课教学方法的改革,提供了强大的技术手段和快捷畅通的教育方式。

二、高校思想政治理论课教学方法体系改革的新挑战

(一)社会转型多元化的新课题

社会转型的新变化,给高校思想政治理论课教学方法提出了新挑战。当代中国进入了全面建成小康社会的关键时期和深化改革开放、加快转变经济发展方式的攻坚时期,随着经济体制深刻变革、社会结构深刻变动、利益格局深刻调整、思想观念深刻变化,社会思想意识异常活跃,呈现出多元、多样、多变的发展态势,也给我国的社会结构以及人们的思想观念、思维方式、行为方式、生活方式等带来了深刻变化。其主要表现在两个层面:第一是在社会层面,社会生活日益呈现出多样化态势;第二是在个体层面,主要是个人主体性不断增强。社会主义市场经济条件下社会和个人发展的新特点,使现代思想政治教育的对象、目标、内容、方法等都要与时俱进地随着经济的转型而转型。

(二)意识形态多样化的新挑战

意识形态的多样化,给高校思想政治理论课教学方法提出了新挑战。当今世界是一个开放的世界,当今的中国也形成了全方位、多领域的全面开放格局。对外开放不仅推动了经济的快速发展,也促进了各种思想文化的交流与渗透,使我国意识形态领域日益多样化,呈现出一元主导与多元并存的发展趋势。但是,社会主义思想政治教育的本质在于坚持马克思主义和社会主义意识形态的主导地位,所以,意识形态领域的多样化发展,势必对高校思想政治理论课教育教学产生重大冲击。

(三)信息网络化的新要求

进入信息时代后,网络对大学生思想观念和行为方式的影响越来越强烈、越来越广泛。对高校思想政治理论课教育教学方法和手段提出了挑战。如网络教育、多媒体技术因互动性强、信息量大、形象生动而受到学生的欢迎,而传统的老师讲、学生听,一支粉笔、一张嘴上课的方式对学

生失去了吸引力,这就对教师提出了熟练掌握并运用现代教学手段的要求。又如,随着网络技术的广泛运用,学生、老师处在同一个接受新知识和新信息的起点上,教师的个人信息量与学生群体相比并不占优势,传统的教师对上课信息的独占性地位受到挑战,教师控制课堂内容和信息的能力大为减弱,这也对教师的素质提出了更高的要求。同时,由于网络的相关法规还不健全,管理还不够有力,技术支撑还不过硬,也由于青年人自制力较弱,好奇心较强,思想观念还不成熟,使得一些大学生面对互联网上的海量信息,无所适从,不辨鲜花和毒草,跟着感觉走。这就需要我们的思想理论教育教学内容多一些对国家安全意识的教育,使人们认识到在接受西方国家先进技术的同时,要增强安全意识,要有危机意识,时刻提高警惕。这一切都对高校思想政治理论课教育教学内容和方法的改革提出了全新的要求。

(四)大学生成长的新变化

大学生成长的新变化和新特点,既给高校思想政治理论课教学方法带来了新机遇,又给思想政治理论课教学方法改革提出了新挑战。高校思想政治理论课教育教学方法的改革,除了密切联系国内外形势的发展变化以外,更要紧密联系当代大学生的思想实际、心理状况、成长特点和生活实践,帮助大学生解决思想困惑,提高思想认识,正确处理生活中可能遇到的矛盾和问题。有调查显示,当代大学生心理状况的鲜明特点主要有:第一,心理压力较大;第二,情感丰富强烈,但不稳定;第三,自我意识强烈,但自我评价片面。当代大学生在思维方式和信息接收方式上也显示出新的特点,他们的思维具有灵活性、跳跃性、创造性、开放性等特点,喜欢独立自主地进行思考和判断,不愿意接受现成的理论说教,更喜欢在相互探讨的过程中被说服。影响当代大学生思想活动的因素日趋多样,大学生的思想关注点日趋宽泛和分散,思想文化需求日趋多样。在信息接收方式方面,网络已成为大学生主要的学习、交流、获取信息的载体。同时,随着高等教育大众化进程的加快,当代大学生的群体构成日益呈现规模扩大、来源多样、组织多型等特点,这也决定了他们的思想政治观念存在差异性和多样性。教师一定要了解学生遇到的热点、难点问题及他们的所思所想,并且认真加以梳理和研究,这样的教学肯定会受到学生的欢迎。只有深入了解大学生的思想实际、心理状况和生活实际,思想政治理论课的教学才有针对性和说服力。

第二节 高校思想政治理论课教学方法体系改革的依据

高校思想政治理论课也是科学文化教育,马克思主义和思想品德方面的理论知识当然属于文化范畴。从这个意义上说,对大学生进行马克思主义理论教育和思想品德教育也是文化教育。但是它又不是一般意义上单纯的科学文化教育,而是通过这些理论知识的教育达到学生转变思想的目的。它是一种专门的思想教育和品德教育,其根本目的在于使学生树立科学"四观",即世界观、人生观、价值观和道德观。

一、高校思想政治理论课的功能

所谓功能,简单地说,就是指事物的功效和作用。高校思想政治理论课的功能,实际上是高校思想政治理论课的性质及其能动性的重要表现,是高校思想政治理论课所发挥的效能和他所具有的重要社会作用。高校思想政治理论课的大学生思想政治教育的主渠道性质,决定了高校思想政治理论课的地位、作用和功效。概括起来讲,高校思想政治理论课的功能主要表现在以下四个方面。

(一)认识的功能

认识是辩证唯物主义认识论的基本范畴,也是思想政治教育的重要范畴。通过高校思想政治理论课的教育教学,达到提高大学生政治觉悟和思想认识水平的最终目的。其认识功能表现为:第一,通过高校思想政治理论课的教育教学,达到提高大学生思想水平、认识能力和自我认识的效果。当然,作为高校思想政治理论课的教学,所传授的不是一般的业务知识,培养的也不是一般的专业技能,而是马克思主义理论和思想道德方面的知识和运用这些知识改造客观世界和主观世界的能力。通过高校思想政治理论课的教育教学和系统学习,可以系统掌握自然界、人类社会和思维的发展规律。第二,通过高校思想政治理论课的教育教学,达到提高大学生素质的效果。高校思想政治理论课的教育教学,必须坚持以马克思列宁主义、毛泽东思想、中国特色社会主义理论体系为指导,坚持社会主义方向,抵制各种错误思潮,为建设中国特色社会主义培养"四有"新人。只要高校思想政治理论课教学真正坚持以马克思列宁主义、毛泽东思想、邓小平理论为指导,坚持社会主义大方向,抵制各种错误思潮,就可以以科学的世界观、方法论武装人的头脑,从而起到提高人的思想觉悟和精神境界、发挥精神动力的作用。

(二)导向的功能

高校思想政治理论课的导向功能,是由思想政治教育的目的性和方向性所决定的,也是由马克思主义理论体系和无产阶级意识形态的阶级特征和理论品质所决定的。一个人的知识和能力毕竟不是其世界观、人生观和价值观,不能代表其理想、信念和信仰。如果只重知识传授和能力培养,让受教育者把马克思主义只是当作一般的知识、原理、概念来学习,只是让他们学会了用马列主义辞藻,而不是从思想意识上认同马克思主义,就不可能让其建立马克思主义的信念、信仰,更不可能使之在行动中坚持和发展马克思主义。

通过高校思想政治理论课的教育教学,使大学生对马克思主义理论体系和中国特色社会主义理论体系有一个全面和系统的了解。如"原理"着重讲授马克思主义的世界观和方法论,帮助学生从整体上把握马克思主义,正确认识人类社会发展的基本规律;"概论"着重讲授中国共产党把马克思主义基本原理与中国实际相结合的历史进程,充分反映马克思主义中国化的三大理论成果,帮助学生系统掌握毛泽东思想、邓小平理论和"三个代表"重要思想基本原理,坚定在党的领导下走中国特色社会主义道路的理想信念;"基础"主要进行社会主义道德教育和法制教育,帮助学生增强社会主义法治观念,提高思想道德素质,解决成长成才过程中遇到

高校党建与思想政治工作研究

的实际问题。这样,通过高校思想政治理论课的教育教学,培养大学生坚定的理想信念,使大学生确立社会主义的信念,树立为中国特色社会主义而奋斗的崇高理想。

(三)保障的功能

高校思想政治理论课的保障功能,主要体现在两个方面:一方面,通过高校思想政治理论课的教育教学,要求受教育者为实现无产阶级及其政党的奋斗目标服务,为无产阶级及其广大人民群众的根本利益服务;另一方面,也强调它应为教育对象个人的成长成才和全面发展服务,为他们能最大限度地实现自身的社会价值和人生价值服务。其中既包含高校思想政治理论课教学对于推动人类社会进步发展的社会价值,也有它对于促进个人成长进步的个人价值。高校思想政治理论课教育教学之所以能够实现这两方面价值,其内在根据就在于它所具有的真理性即科学性特征。

(四)育人的功能

高校思想政治理论课的育人功能是由马克思主义思想政治教育的阶级性和政治性所决定的。恩格斯在《反杜林论》中,深刻剖析批判了杜林的超阶级、超历史的永恒道德论,科学地论证了道德产生的经济根源和阶级基础,他指出:"一切以往的道德论归根到底都是当时的社会经济状况的产物。而社会直到现在还是在阶级对立中运动的,所以道德始终是阶级的道德。"

马克思主义特别重视对青年一代尤其是大学生的思想理论教育。在马克思看来,最先进的工人完全了解,他们阶级的未来,从而也是人类的未来,完全取决于正在成长的工人一代的教育。在我国改革开放和社会主义现代化建设的新的历史时期,邓小平同志明确指出,学校应当永远把坚定正确的政治方向放在第一位。坚持四项基本原则,是我们坚持教育的社会主义方向,进行思想理论教育教学的根本前提。习近平总书记在全国高校思想政治工作会议上提出:"要坚持把立德树人作为中心环节,把思想政治工作贯穿教育教学全过程,实现全程育人、全方位育人,努力开创我国高等教育事业发展新局面。"高校思想政治理论课的育人功能，就是要通过高校思想政治理论课的教育教学，确保教育的政治方向，让马克思主义的旗帜、社会主义的旗帜在华夏大地永远飘扬，就是要使受教育者尤其是使大学生成为中国特色社会主义事业的合格建设者和可靠接班人。

二、高校思想政治理论课教学的基本特点

高校思想政治理论课教学的性质、地位和作用、功能，决定了高校思想政治理论课教育教学的特点。在高校思想政治教育工作这一系统工程中，思想政治理论课教育教学具有特殊的地位和作用。长期以来，高校领导和思想政治教育工作者，特别是高校思想政治理论课教师在这个问题上，出现了几种颇为流行的认识和倾向。一种倾向认为，马克思主义理论课有较完整的科学理论体系和逻辑结构，思想品德课则没有完整的理论体系，因而这些人在教学实践中把马克思主义理论课变成了纯粹的理论知识传授的念经课，把思想品德课当成了不讲求课程逻辑体系，随意裁剪教学内容的放羊课。还有一种倾向，是把高校思想政治理论课混同于一般课程，他们或压缩高校思想政治理论课课时，或放在政治学习或课外活动时间学，甚至把高校思想政治理论课教学视为政治说教的工具，成为"重要但不重视"的吹牛课，修完规定的教学计划的"走过场课"。不改变高校思想政治理论课教学特点认知上的这些片面性，思想政治理论课教育教学改革就很难深入，高校思想政治理论课教育教学的效果也难以提高。

（一）思想政治理论课教育教学具有强烈的政治性特点

作为思想上层建筑的一个重要组成部分，高校思想政治理论课担负着为巩固和完善社会主义制度，发展社会主义社会的生产力，建设富强、民主、文明的社会主义现代化国家的宏伟目标服务，为培养社会主义"四有"新人和接班人服务的任务。邓小平指出："培养社会主义新人就是政治。"江泽民在第三次全国教育工作会议上的讲话中特别强调指出："要讲

素质,思想政治素质是最重要的素质。"高校思想政治理论课教育教学和思想政治工作的好坏,直接影响着社会主义新人政治思想素质和道德素质的好坏,关系着社会主义的前途和命运。习近平在全国高校思想政治工作会议上提出:"要用好课堂教学这个主渠道,思想政治理论课要坚持在改进中加强,提升思想政治教育亲和力和针对性,满足学生成长发展需求和期待,其他各门课都要守好一段渠、种好责任田,使各类课程与思想政治理论课同向同行,形成协同效应。"高校思想政治理论课教学的政治性特点,实质上是马克思主义理论鲜明阶级性的体现和内在要求。要从阶级本质和战略高度看待高校思想政治理论课教育教学,高校思想政治理论课教学要始终围绕这个主旨进行。

同时,马克思主义理论也是不断发展的理论。特别是在当代中国,建设中国特色社会主义是马克思主义在当代中国活生生的伟大实践和进一步丰富发展。中国特色社会主义理论体系是马列主义基本原理同当代中国实践和时代特征相结合的产物,是当代中国的马克思主义。由于改革开放的深入和马克思主义的不断充实发展,高校思想政治理论课的教学内容也需要不断更新、充实和完善。高校思想政治理论课教学要及时体现和充分反映马克思主义在理论和实践上的重大发展和突破,充分反映现实国际和国内的政治经济形势的发展变化,紧扣党和国家的重大方针政策和战略决策;要随着党和国家的大政方针、法律法规和国际国内形势的变化发展而加以修改、充实和发展,体现时代的特征和社会的不断进步与发展。

(二)高校思想政治理论课教学具有理论性和科学性的特点

高校思想政治理论课教学具有理论性和科学性的特点,是由马克思主义理论本身的科学性特点所决定的。

马列主义、毛泽东思想、中国特色社会主义理论体系是一脉相承的、系统完整的、科学的理论体系。它揭示了自然界、思维和人类社会政治、经济、文化等诸领域事物发展的客观规律,是我们认识世界和改造世界的强大思想武器。马克思主义理论的这一特点决定了高校思想政治理论课教学要系统讲授马克思主义的基本知识,传授马克思主义基本立场、观点和方法,讲清高校思想政治理论课程的基本知识点及其相互间的逻辑联系,注重理论观点的科学性和系统性。不仅马克思主义政治理论课如此,马克思主义思想品德课也是如此。譬如,"思想品德修养和法律基础"要系统讲授马克思主义世界观、人生观、价值观;针对大学生普遍关心和生活中遇到的重大理论和实践问题,揭示大学生健康成长和尽快成才的客观规律;阐述社会主义道德的基本内涵、客观要求及其发展规律等。"形势与政策"通过对国内外重大事件的分析,掌握和平与发展已成为时代不可逆转的潮流,以及世界政治、经济演变与发展的客观规律,中国的国际地位及其与世界各国相互关系及发展规律等。那种认为思想品德课只是个人修身养性经验的提炼,只注重学生个体实践修养或者单纯进行个案分析,片面追求课堂轰动效应,从而忽视思想品德课本身的科学性、理论性的观点,是根本站不住脚的,在实践上也是错误的、有害的。高校思想政治理论课教学的理论性和科学性特点,还要求我们完整准确地理解马列主义、毛泽东思想和中国特色社会主义理论体系,不能把原本不属于马克思主义的东西附加在马克思主义名下,或把马克思主义加以歪曲或庸俗化,或抽取其只言片语而不完整准确地理解、讲授和解读马克思列宁主义、毛泽东思想和中国特色社会主义理论体系;要旗帜鲜明地反对马克思主义"过时论"的观点,反对把马克思主义庸俗化的做法,让青年学生完整准确地理解和掌握马克思主义的科学理论体系。思想政治理论课教育教学的科学性还包括高校思想政治理论课教学方法的科学性。马克思主义虽有完整的理论体系和自身结构,但理论结构不同于教材的结构,更不同于教案的结构,如不重视思想政治理论课教育教学规律和教学艺术的运用,不讲求高校思想政治理论课教学方法的科学性,那么,高校思想政治理论课教学的思想性和马克思主义理论的科学性就难以实现,更难以真正实现思想政治理论课教育教学的根本目的。

(三)思想政治理论课教育教学具有实践性特点

高校思想政治理论课教学不同于一般的智力教育和文化知识课,它不仅有开启理性解惑传道之责任,更注重实践要求。这种实践性特点不仅要求高校思想政治理论课教育教学要敢于和善于理论联系实际,贴近现实生活,不回避现实中的问题和矛盾,更要求高校思想政治理论课教学要同实践性环节相结合,让师生在理论学习与社会锻炼实践中知德行善,提高科学文化素质与思想道德素质。因此,高校思想政治理论课教师要深入社会实践,掌握大量的第一手资料,提升自己的认知水平;要分析改革开放三十多年来取得的伟大成就和丰富的实践经验与教训,从理论和实践结合的角度进行教学,做到深入浅出,解惑释疑;要丰富教学环节,运用多媒体教学手段,采取读原著、讲授、辩论、研讨、答辩、演讲和观看文献资料与影视录像等多种手段相结合的方式进行教学,增强高校思想政治理论课教学的生动性;要把大学生的社会实践活动纳入科目化管理和学科建设中来,有组织、有计划地开展丰富多彩的社会实践活动,让学生到改革开放的实践中去参观、考察,从事社会调查,参加生产劳动、科技文化服务、军政训练、勤工俭学、志愿者服务等活动,在实践中学会理论联系实际,学以致用。这种实践性特点,还要求高校思想政治理论课教师,以其自身人格的魅力和为人师表的模范言行,直接影响、教育、感化和塑造学生,发挥榜样的示范作用。

(四)思想政治理论课教育教学具有针对性的特点

高校思想政治理论课教学要针对中国的问题和我们还在做的事情,针对改革开放和社会主义现代化建设中的重大问题,针对青年学生的思想实际、心理需求和认知特点,针对学生关注的热点、难点以及所存在的疑点问题,有的放矢地开展教学活动;要敢于和善于对重大问题和热点、难点问题做出积极的、有说服力的回答。

高校思想政治理论课教育教学的针对性除了要联系社会生活和学生思想实际外,更重要的一项工作就是要同各种错误思潮开展针锋相对的斗争。列宁早就说过,马克思主义不能靠群众自发地生成,必须向群众灌输马克思主义。事实上马克思主义产生发展的历程也说明了这一点。马克思主义从产生时的一个学术流派发展到今天,成为我们党和国家的指导思想,就是不断地在同各种错误思潮进行坚决斗争并消除其对工农群众有害影响的基础上成长壮大起来的。在斗争中前进,在斗争中发展壮大,始终是马克思主义理论发展和发动群众的一大特点和优点。这一特点不仅鲜明地体现在马恩列斯的著作中,也鲜明地体现在毛泽东、邓小平和中国共产党领导人的著作中。当今时代,是一个知识经济的时代,也是一个急剧变革的时代,多种利益主体和多元化的社会思潮蜂拥迭出,而大学生思想单纯,求知欲十分旺盛,易接受各种思潮的影响,易受到错误思想的侵蚀,因此,高校思想政治理论课教学不仅要向大学生全面系统准确地传授马克思主义理论的基本内容和精神实质,更要针对社会上和大学生中流行的错误思潮展开旗帜鲜明的斗争,消除各种错误思潮对他们的影响。只有这样,才能增强大学生的政治鉴别能力、政治敏锐性和抵抗侵蚀的能力,才能真正让马克思主义占领思想阵地,让中国特色社会主义理论体系入脑入心。

三、高校思想政治理论课教学方法体系改革的基本原则

中共中央领导同志的讲话和有关文件的精神,既是对高校思想政治工作和德育工作规律的科学总结,又是我们改革和构建高校思想政治理论课教学方法体系必须遵守的基本原则和根本方法。高校思想政治理论课教学方法体系改革的基本原则主要有如下几点。

(一)方向性、思想性与科学性相统一的原则

方向性、思想性与科学性相统一的原则是直接体现思想政治理论课性质特征的首要原则。其中,方向性体现了思想政治理论课所具有的鲜明阶级性和党性以及明确的目的性特征,要求思想政治理论课教学必须坚持以马克思列宁主义、毛泽东思想、邓小平理论、科学发展观以及习近平新时代中国特色社会主义思想为指导,坚持社会主义方向,抵制各种错误思潮,为建设中国特色社会主义培养"四有"新人;思想性体现了思想政治理论课教学重视人的精神价值和精神动力,注重思想观念对人们行为的主导作用,着眼于对大学生进行世界观、人生观、价值观教育,坚持把理

想信念教育作为核心内容；科学性体现了思想政治理论课教学在指导思想上、内容上和方法论上的真理性、正确性，为实践所验证，能经受历史的考验，真正做到"以科学的理论武装人""以科学的方法培育人"。

思想政治理论课教学的方向性、思想性与科学性的统一，是其本身所具有的内在统一，而并非人为地"结合"。只要思想政治理论课教学真正坚持以马克思列宁主义、毛泽东思想、邓小平理论、科学发展观以及习近平新时代中国特色社会主义思想为指导，坚持社会主义大方向，抵制各种错误思潮，就是以科学的世界观、方法论武装人的头脑，从而起到提高人的思想觉悟和精神境界、发挥精神动力的作用。反过来说，如果真正做到坚持把社会主义信念教育放在首位，坚持以科学的教学内容和科学的教学方法，提高受教育者的思想政治素质和综合素质，也就必然会坚持以马克思列宁主义、毛泽东思想、邓小平理论、科学发展观以及习近平新时代中国特色社会主义思想为指导的方向。也就是说，只要坚持了无产阶级的方向性，就必然具有正确的思想性和科学性特征；反之亦然，只要坚持了无产阶级的思想性和科学性原则，也就必然坚持了正确的方向性。正如恩格斯所指出的："科学越是毫无顾忌和大公无私，它就越符合工人的利益和愿望。"这说明，思想政治理论课教学的方向性、思想性与科学性的统一，是由马克思主义理论体系和无产阶级意识形态的阶级特征和理论品质所决定的。

思想政治理论课教学的方向性、思想性与科学性的内在统一，还可以从其真理性与价值性的内在统一中得到验证。具有真理性的科学，本身就具有价值性。思想政治理论课教学的科学性体现了其真理性，而思想政治理论课教学的方向性、思想性则体现了其价值性特征。一方面，思想政治理论课教学的方向性、思想性要求它为实现无产阶级及其政党的奋斗目标服务，为无产阶级及其广大人民群众的根本利益服务；另一方面，它也强调应为教育对象个人的成长成才和全面发展服务，为他们能最大限度地实现自身的社会价值和人生价值服务。其中既包含有思想政治理论课教学对于推动人类社会进步发展的社会价值，也有它对于促进个人成长进步的个人价值。思想政治理论课教学之所以能够实现这两方面的价值，其内在根据就在于它所具有的真理性即科学性特征。缺乏真理性和科学性的教育，既不可能实现其社会价值，也不可能实现其个人价值。也就是说，思想政治理论课教学价值的实现，必然要求思想政治理论课教学具有真理性、科学性，即思想政治理论课教学的方向性、思想性的价值体现，与其科学性要求具有内在的统一性。

思想政治理论课教学坚持方向性、思想性与科学性相统一的原则，符合思想政治理论课教学的基本宗旨和中央对思想政治理论课教学的基本要求及有关规定。1998年中宣部和教育部曾联合颁布了《关于普通高等学校"两课"课程设置的规定及其实施工作的意见》，明确提出了思想政治理论课教学的基本宗旨和内容。比如其中提出"思想道德修养"课的基本内容是对大学生进行以为人民服务为核心、以集体主义为原则的社会主义道德教育，以及优秀的中国传统道德和革命传统教育，培养学生高尚的理想情操和良好的道德品质，树立体现中华民族特色和时代精神的社会主义价值标准和道德规范。教育部2001年修订的《"思想道德修养"教学基本要求》在规定该课程性质时指出："思想道德修养"课是"以马列主义、毛泽东思想和邓小平理论为指导，以人生观、价值观、道德观教育为主线，综合运用相关学科知识，依据大学生成长的基本规律，教育、引导大学生加强自身思想道德修养的一门课程"。这些规定表明对"思想道德修养"课的方向性、思想性和科学性的要求都是相当高的。至于对另几门直接论述马克思主义基本原理、毛泽东思想和邓小平理论的课程，其要求更是如此。

思想政治理论课教学要坚持方向性、思想性与科学性相统一的原则，就要充分体现马克思主义理论的科学性和鲜明的时代性特征，充分体现对马克思主义既坚持、又不断发展创新的科学态度。马克思主义自创立以来，之所以能一直保持其科学的生命力，始终洋溢着鲜明的时代精神，就在于它是随着时代的发展而不断发展的。对科学理论的宣传教育，不能只强调其真理性而忽视其时代性特征。其实，理论的科学性与时代性是统一起来的,因为科学的理论必须随着时代的发展而发展,不能一成不变。封闭、僵化、落后于形势和时代的发展,只会导致理论由科学向非科学蜕变。所以,思想政治理论课教学在坚持以科学的理论武装人的同时,又必须坚持时代性原则,即坚持以符合新时代新形势特点和发展需要、符合新形势下人们思想实际特点和发展需要的理论武装人。马克思主义理论体系的科学性和时代性虽然已为历史所证实,但是在新的形势下仍然会面临新的挑战,要回答新的问题,并且要在不断回答新问题、解决新矛盾中得到进一步的发展完善,否则,其科学性和时代性就会成为无法延续的历史。况且,思想政治理论课教学的目的和任务,是要人们掌握马克思主义立场、观点和方法,去面向现实、面向未来,着眼于未来社会发展的需要,解决现实中的各种问题。如果以僵化、教条的态度,拘泥于马克思主义经典作家在特定历史条件下、针对具体情况做出的某些个别论断和具体行动纲领,就会因为思想脱离实际而达不到此目的。因此,思想政治理论课教学必须注意充分体现对马克思主义的坚持、发展和创新,弘扬马克思主义与时俱进的理论品质。

(二)学生主体、教师主导与社会教育相结合的原则

学生主体、教师主导与社会教育相结合的原则,是思想政治理论课教学处理内因与外因的关系、学校教育与外界环境关系应遵循的规则,也是围绕思想政治理论课教学的目标要求,充分调动各方面积极性所要遵循的规则。这一原则是说思想政治理论课教学要在教师的主导作用之下,充分调动学生的主观能动性,使其主动而不是被动地参与思想政治理论课教学。同时,思想政治理论课教学还要善于利用社会力量,使学校教育与社会教育相结合,共同完成培育人才的任务。从这一原则的内涵来看,包括教师的主导作用、学生的主体作用和社会教育的作用这三个动力因素的相互作用,及其教师与学生、学校与社会的辩证关系。

第一,看学生的主体作用、教师的主导作用及其相互关系。所谓学生的主体作用是指学生在思想政治理论课教学中充分发挥出了各自的主观能动性和学生所特有的学习活力、创造力,在教师的指导下,能积极主动

地参与教学,积极主动地自学和完成课外作业,积极主动地以正确的世界观、人生观、价值观指导自己的行动。所谓教师的主导作用,包含有主持、指导、导向等作用的意思。教师作为教育者,在思想政治理论课教学的整个过程中起着主导作用。思想政治理论课教师的主导作用主要表现为:一是,思想政治理论课教学的主持者、组织者和责任人,负责其主讲课程全部教学活动的总体规划设计,同时也要做好其中每一次教学活动的具体组织安排,包括教学活动的目的、内容、方法及具体步骤等,都应由教师负责确定。二是,思想政治理论课教学坚持正确方向的导向者,负责保证思想政治理论课教学坚持党性原则,坚持以科学的理论武装人,坚持以正确的思想指导教学内容和方法的不断改革更新,及时纠正思想政治理论课教学中可能出现的种种思想偏差。三是,思想政治理论课教学对象的指导者、引路人,指导学生以正确的态度、科学的方法掌握思想政治理论课教学的内容,按照思想政治理论课教学的目的要求,使学生通过自己的努力,成为社会所需要的德才兼备的现代化人才。

第二,看社会教育及其与思想政治理论课教学的关系。思想政治理论课教学作为学校德育的主渠道与社会教育是密不可分的。两者既是系统与环境的关系,也是内因与外因的关系。社会教育相对于学校教育而言是一种更广义的教育,是除学校教育以外的其他所有教育的统称,其中主要指各级社会组织、各种社会团体、社会传播媒体、社会舆论习俗、社会文化环境以及家庭教育对人的教育影响和熏陶作用。随着社会现代化和开放程度的提高,社会向信息化、网络化方向发展速度的加快,社会教育对人的教育作用与学校教育相比,有明显的强化扩大趋势。同时,由于社会教育在内容形式设施手段上的丰富多彩,使之具有极强的辐射和渗透作用。因此,学校教育应充分发掘利用社会教育资源,增强教育力量,提高教育效能。思想政治理论课教学经常开展的社会调查、参观访问、教学实习、志愿服务、走出去请进来等活动,就是利用社会资源,增强教育活力和效果的有效方法。但是,社会教育的影响,有自发与自觉、有组织与无组织、正面与负面、显性与隐性的区别,相对于学校教育而言,其中大量的是无组织、无意识、隐性的教育,而这种性质的教育往往存在相当多的负面影响,这就要求学校教育,特别是思想政治理论课教学在结合社会教育的同时,充分发挥其积极作用,自觉克服其消极影响,达到学校教育与社会教育的协调统一和互补。就社会教育方面而言,各个社会组织和社会成员增强教育意识和责任感,提高自身素质和自我教育能力,注重社会效益和社会形象,对于消除社会教育的负面影响甚为重要,尤其要利用社会教育自身的力量克服社会教育中的消极因素。总之,要使青年学生成为"四有"新人,具有高尚的精神、崇高的理想和坚定的信念,不仅是学校教育和思想政治理论课教学的根本目的和着眼点,也是社会教育的重要任务。只有两方面的作用统一起来,两方面积极性都发挥出来,才能实现这一关系到国家前途的百年大计。

(三)主动灌输、启发探究与贴近现实相统一的原则

在建设中国特色社会主义的伟大事业中,必须高度重视社会主义意识形态的主动灌输工作。我们必须清醒地认识到,在当今的世界格局中,两种社会制度的对立在本质上并没有改变。随着我国改革开放的深入和经济的发展,思想无国界,各种西方错误思潮随之涌入。各种不良思想都在时刻警醒我们:任何时候,都不能放弃对人民群众尤其是青年一代进行马克思主义意识形态理论的全面、系统、生动的灌输。因此,在对高校学生的马克思主义理论教育中,我们一定要积极主动地通过思想政治理论课程的教育来加以实施,要坚持正面引导为主,保证足够的课时安排,认真教学、严格考核。要树立"灌输"的本质就是教育的观念,没有灌输就没有教育,从而把高校的政治理论教育有机地融合在整个教育体系特别是素质教育体系之中,把培养学生具备合格的思想政治素质和道德素质作为"灌输"教育的出发点和落脚点。

当然,"主动灌输"是马克思主义理论教育的一个基本原则,而非一个具体的方法。我们要根据时代的特点和受教育对象的特点,注重内容和形式的结合,探讨多种具体有效的方式。古希腊著名学者苏格拉底曾说:"教育是点燃,而不是给予。"这句话道明了教学的真谛在于它的启发性,

教学的作用在于唤醒学生的意识，点亮学生的心灵。思想政治理论课教师无论采取何种教学方法，都应遵循启发性原则，要善于从小问题入手，引导学生积极思考，层层深入，最终达到举一反三、触类旁通。如教师可以根据课程目标需要选择一个学生普遍熟悉且没有确定答案的问题，在做必要的引导之后，让学生凭借自己的理解自由地阐述观点。在学生对问题做出了回答之后，教师就可以针对这一回答进行点评，并做出是更换角度做进一步的引导，或是直接转入下一问题的决定，逐步引导学生达到课程目标的要求。

在现阶段，对大学生进行马克思主义的思想理论教育必须是生动的、具体的，因此，要使"主动灌输"和启发探究收到成效，在高校思想政治理论课教育教学工作中，要努力做到贴近现实，这是进一步加强和改进高校思想政治理论课教育教学工作的必然要求。贴近现实，概括地讲，就是要贴近实际、贴近生活、贴近群众、贴近大学生的思想实际，要从客观存在的社会实际出发，即从我国正处于并将长期处于"社会主义初级阶段"的实际出发，从我国正处在进一步改革开放，发展完善社会主义市场经济体制进程的实际出发，从我国还存在着不同思想文化相互激荡、社会生活日益多样化的实际出发，从当前国际政治斗争风云变幻、社会主义面临挑战的实际出发，从全面建成小康社会、推进我国社会主义现代化建设事业迫切需要提高全民族思想道德文化素质的实际出发，从人民群众的根本利益出发，从思想理论教育教学工作对象现实的思想实际出发，从当前思想理论教育教学工作部门自身状况和工作的实际出发，贴近社会的经济、政治、文化的主体生活，摸清大学生的思想状况和特点，针对工作对象的客观实际和自身特点，正视和面对他们在思想理论上普遍关心或普遍感到困惑的问题，引导人民群众正确认识和分析这些问题，有针对性地开展思想政治理论教育教学工作。只有把主动灌输、启发探究与贴近现实的原则有机统一起来，高校思想政治理论课教育教学才能收到切实成效。

（四）知识传授、能力培养与立德树人相统一的原则

知识传授、能力培养与立德树人相统一的原则，是指思想政治理论课

教学应结合知识的传授、能力的培养进行思想政治素质和道德品质教育。《国家中长期教育改革和发展规划纲要(2010—2020)》提出,把育人为本作为教育工作的根本要求。要以学生为主体,以教师为主导,充分发挥学生的主动性,把促进学生健康成长作为学校一切工作的出发点和落脚点。关心每个学生,促进每个学生主动地、生动活泼地发展,尊重教育规律和学生身心发展规律,为每个学生提供适合的教育。努力培养造就数以亿计的高素质劳动者、数以千万计的专门人才和一大批拔尖创新人才。

思想政治理论课教学是高校马克思主义理论和思想政治教育的主渠道和主阵地,但这并不意味着思想政治理论课教学只是育德教育,而无须传授知识和培养能力。恰恰相反,思想政治理论课教学的育德功能,是在传授知识、培养能力的过程中和在传授知识、培养能力的基础上逐步达到的。当然,作为思想政治理论课教学,所传授的不是一般的业务知识,培养的也不是一般的专业技能,而是马克思主义理论和思想道德方面的知识和运用这些知识改造客观世界和主观世界的能力。这种知识和能力也就是思想政治理论课教学所要培养的思想政治素质和道德品质,其中就直接蕴含着思想政治理论课教学所要发挥的育德功能。

当然,传授知识、培养能力是不能代替思想政治素质和道德品质培养的。即使是传授马克思主义理论知识和培养运用马克思主义理论的能力,也不能完全代替思想政治素质和道德品质的培养。一个人的知识和能力毕竟不是其世界观、人生观和价值观,不能代表其理想、信念和信仰。如果只重知识传授和能力培养,让受教育者把马克思主义只是当作一般的知识、原理、概念来学习,只是让他们学会了用马列主义辞藻,而不是从思想意识上认同马克思主义,就不可能让其建立马克思主义的信念、信仰,更不可能使之在行动中坚持和发展马克思主义。思想政治理论课教学之所以强调坚持传授知识、培养能力与育德树人相统一的原则,就是要防止这种重知识传授和能力训练,而忽视思想政治素质和品德素质培养的片面倾向。知识传授、能力培养与立德树人相统一的原则符合人的知识素质与能力素质,以及思想品德素质之间相统一的关系。

第一,看知识素质与能力素质的辩证统一。一般来讲,知识是人类实践经验的总结和智慧的结晶。能力则是使知识得以形成、发展、推广、应用的本领。一个人的知识素质表明了他对前人的科研成果和他人间接经验认识的程度;而其能力素质则是指他本人掌握和运用知识,进而拓展和创新知识的水平。两者相比较而言,能力比知识更为重要一些。没有能力,知识就无法实现其价值;离开能力,知识就失去了生命力,无法进行新陈代谢、推陈出新;在缺乏能力的地方,知识只能被束之高阁,得不到应用和发展。但是,能力又是建立在知识基础之上的。缺乏知识基础的能力只是人的本能,或者只是原始的、低层次的、经验型的能力。能力越向高层次发展,越需要有深厚的知识底蕴。因而,能力素质的培养和不断提高,必须以知识的积累和不断更新为基础。只有不断地由知识向能力转化,才能不断地加速素质发展过程中的质变和飞跃。因而,把传授知识与培养能力结合起来是符合科学规律的。

第二,看知识素质、能力素质与思想品德素质之间的辩证统一。尽管一个人知识和能力素质的高低与其思想品德素质的高低并非成正比例关系,但具有直接的制约关系。一个人的知识水平、文化修养不仅会直接制约其能力的发展,也会直接影响其思想品德素质的提高,同时,其学习研究能力、语言表达能力、实践应用能力也都会不同程度地影响其思想品德素质的提高。反过来,一个人的思想品德素质也会直接制约其知识和能力素质的提高。人的思想品德素质包括思想道德观念和行为作风,主要是指一个人的思想觉悟、政治取向、道德水准、工作态度、敬业精神、事业心、责任感等具体内容,集中体现出一个人所具有的世界观和方法论。这对一个人的知识和能力发展在方向上、观念上、方法上、速度上都具有控制、调节和制约作用。比如,在现实中我们常常看到,那些能自觉地以科学的世界观和方法论指导自己学习和工作的人,那些能主动将马克思主义理论与对实际问题的解决相结合的人,那些能正确领悟和认真贯彻党的路线方针政策的人,那些有理想、有信念、有敬业精神、有工作责任感、能吃苦耐劳、干劲大的人,往往能在知识素质和能力素质上比别人提高得

高校党建与思想政治工作研究

更快,取得的成就、作出的贡献比别人更大。总之,思想品德素质与知识素质、能力素质之间的辩证统一关系,说到底,就是人的思想道德素质与科学文化素质之间的辩证统一关系,是人的综合素质中不可或缺的两个方面。

(五)"面向全体""因材施教"与"终身教育"相结合的原则

面向全体、因材施教与终身教育相结合的原则,是对思想政治理论课教学正确处理整体性教育与局部性教育、普遍性教育与特殊性教育、连续性教育与阶段性教育关系的要求。

"面向全体"要求思想政治理论课要对我国各高校的全体大学生开课,进行普遍的马克思主义理论和思想道德教育。既然是不管什么专业的学生都要学习的必修课,思想政治理论课教学就要根据全体大学生的共性特点,提出带有一般性和普遍性的教学目的和要求,而不能搞成专业课性质的教学。

"因材施教"要求思想政治理论课教学要针对不同专业、不同年级、不同层次、不同学历大学生的特点,实施不同的教学计划方案,在教学内容、学时上提出不同的要求,并采取不同的教学形式和方法。"因材施教"还要求思想政治理论课教学既层次分明、循序渐进,又要注意阶段间的衔接和连续发展。

"面向全体"与"因材施教"相结合,符合共性与个性、普遍与特殊、统一性与多样性的对立统一规律,也符合德育的全民性、针对性要求。加强马克思主义理论和思想道德修养,是提高一个人文明素质的重要方面。我国古代尚且有"自天子以至于庶人,一是皆以修身为本"的要求,更何况在物质文明和精神文明高度发达的今天,对文化层次要求普遍较高的大学生们,更应该将马克思主义理论和思想道德修养作为对这一群体的普遍性要求。但是在普遍性要求具体落实的过程中,又必须具体问题具体分析,特殊矛盾特殊处理,不能不分层次、不分阶段,采取"齐步走""一刀切"。强调针对性教育是贯彻实事求是思想路线的表现。教育的针对性与全民性也是相互联系的统一体,没有针对性教育,就不能实现全民性教育;没有以全民性教育为基础,针对性教育也收不到实效。总之,不管是普遍性与特殊性的统一,还是教育的全民性与针对性的统一,都说明了面向全体与分层施教相结合的必要性与合理性。至于把二者再与继续教育相结合,则是从更为广义的角度扩展了普遍性与特殊性的统一、共性与个性的统一规律在思想政治理论课教学中的指导意义。

"终身教育"是指对已经从学校毕业的学生、成人和在职人员的教育。随着社会的发展和科学文化知识更新速度的加快,对人所受教育的要求也随之不断提高。人们只有不断接受教育,才能适应社会发展和自身发展的需要。因而,"终身教育"便有了愈来愈重要的价值和地位。正是为了适应和满足这种需求,才形成了目前高校继续教育的多种形式、不同层次和可观的规模。但是,社会发展不仅要求人们在文化知识上的更新,也需要人们在思想道德观念上的更新,要能在世界观、人生观、价值观上不断应对新的冲突和挑战,做出新的评判抉择。因此,"终身教育"既要进行科学文化教育,也要进行思想道德教育,包括开设马克思主义理论课和思想品德课程。这说明在继续教育中实施思想政治理论课教学,与"面向全体"的要求是一致的。但是,由于"终身教育"的特殊性质以及它所包含的多种形式和层次,又需要在思想政治理论课教学的内容和形式上作特殊要求,这又与"分层施教"的要求是一致的。这就是思想政治理论课教学实行"面向全体""因材施教"与"终身教育"相结合原则的科学依据。

第三节 高校思想政治理论课教学方法体系的主要内容

高校思想政治理论课的教学方法是实施思想政治理论教学内容,完成思想政治理论课教学目标,提高思想政治理论课教学效果的核心和关键环节。要改革和构建思想政治理论课教学方法体系,必须首先弄清高校思想政治理论课教学方法体系的内涵与特点,明确高校思想政治理论课教学方法体系的分类意义与标准,分析各种高校思想政治理论课具体教学方法的利弊得失,并随着高校思想政治理论课教育教学实践的发展和人们对高校思想政治理论课教学规律认识的不断深化,使高校思想政治理论课教育教学方法体系不断得到充实、丰富、发展和完善。

一、高校思想政治理论课教学方法体系的内涵与特点

任何教学目标的实现和教学活动的开展,都离不开一定合理的方法。列宁指出:"方法也就是工具,是在主体方面的某个手段,主体方面通过这个手段和客体相联系。"毛泽东同志也指出:"我们不但要提出任务,而且要解决完成任务的方法问题。我们的任务是过河,但没有桥或没有船就不能过。不能解决桥或船的问题,过河就是一句空话。不解决方法问题,任务也只是瞎说一顿。"方法是实现目标的载体,合理使用方法才能有效达到目标。没有方法的教学活动是不存在的。

(一)高校思想政治理论课教学方法体系的含义

所谓教学方法体系就是为了达到教学目的,师生进行有序的相互联系活动的种种方式所构成的系统。它包括教师教的方法和学生学的方法及其相互之间的有机联系,是在教学的过程中,教师和学生为完成教学目标和任务所采取的途径和程序等的总和。从教学过程的角度看,是指教师和学生在教学过程中,为达到一定的教学目的,根据特定的教学内容,双方共同进行并相互作用的一系列活动方式、步骤、手段、技术和操作程序所构成的有机系统。它内含这样几个有机联系的层次或要素:第一,必须指明教学活动的目的方向;第二,必须有达到目的方向所要通过的途径;第三,必须有达到目的方向所必须采取的策略手段;第四,必须有达到目的方向所运用的工具;第五,必须有运用工具所必须遵照的操作程序。从教学活动的具体需求来看,教学方法的内在结构是由语言系统、实物系统、操作系统、情感系统等子系统构成的有机系统。教学方法得当与否,是教学内容得以有效贯彻,决定教学质量的重要保证。

高校思想政治理论课教学方法,是指思想政治理论课教学过程中,为提高大学生的思想道德素质和科学文化素质,培养大学生马克思主义理论素养及其运用马克思主义的立场、观点和方法分析解决问题的能力,帮

助大学生树立正确的世界观、人生观、价值观,教师所采用的各种方式、手段、工具等的总和。从广义上讲,思想政治理论课教学方法是师生双方为了教学活动的顺利进行、实现思想政治理论课教学任务和目的而采取的一切途径、方式、方法和手段的总称。它既包括教师对教法的选择和教学程序的设计,又包括教学组织形式和教学语言、教学艺术风格;既包括思想政治理论课教学中的哲学方法、一般方法和心理学方法,也包括在教学过程中具体采用的教学方法;既包括教学过程各个阶段所采用的理论教学方法和实践教学方法,又涵盖思想政治理论课教学工作各个环节的方法,如教学管理方法、教学评价方法、教学研究方法和教育技术方法等。从狭义上讲,思想政治理论课教学方法是指思想政治理论课教师在教学过程中,为了完成思想政治理论课的教学任务而采取的对大学生进行世界观、人生观、价值观、道德观教育的具体教学方式、方法和手段。

思想政治理论课教学方法体系,不是从广义上而是从一般方法论上,来阐释思想政治理论课教学方法的基本特点、基本原则、基本要求,具体的教学方法和实施途径,重点是阐述思想政治理论课教学实践中一系列行之有效的具体理论教学方法和实践教学方法体系,是思想政治理论课各种教学方法按照一定的标准和原则集合在一起构成的方法体系总和。

(二)高校思想政治理论课教学方法体系的特点

思想政治理论课教学方法体系是对其教学实践规律的认识和总结,它与一般教学方法是特殊和一般的关系,是一般的教学方法在思想政治理论课中的应用和继承。思想政治理论课程设置的特殊教育功能,要求其教学方法体系除了具备一般课程教学方法的特点之外,还应该适合思想政治理论课承担的政治思想和品德教育的独有特点。

1. 理论与实际相结合的特点

理论与实际相结合是实事求是思想路线的要求,是马克思主义学风的体现。思想政治理论课教学方法中实行理论与实际相结合,是保持其生命活力的关键,也是提高思想政治理论课教学质量和效果的根本要求。

理论与实际相结合的科学依据来源于认识与实践的辩证关系,因为无论什么理论,归根到底来源于实际,对理论的学习和把握也就不能脱离实际。这也是由思想政治理论课教学性质所决定的,高校思想政治理论课既具有理论性,又具有应用性,强调理论与实际相结合的教学方法,一方面是为了防止在思想政治理论课教学中脱离实际讲理论的教条主义倾向,另一方面也是为了防止在思想政治理论课教学中以实际代替理论的经验主义倾向。

理论与实际相结合、理论与实际相统一并非一蹴而就、一成不变的,是个动态的发展过程。因为现实的实际情况总是在不断变化发展的,理论与实际的发展不同步、对不上号、理论超前或者滞后于实际的现象会经常出现。因此,在思想政治理论课教学和教学方法的选择中,要始终坚持理论与实际相结合,把思想政治理论课教学内容同历史上中国革命与建设的实际,同当代中国改革开放和现代化建设中的实际,同大学生世界观、人生观、价值观问题及其思想实际有机结合起来,引导学生对理论与实际情况不一致的问题进行客观分析、深入研究,以消除理论与实际间的反差,提高学生用马克思主义理论说明问题和解决问题的能力。

从总体上讲,思想政治理论课教学内容的讲授和教学方法的选择,要特别注意联系五个方面的实际:第一,联系理论本身形成和发展的实际。要讲清楚理论产生和发展的背景、条件、根源和创新点,深刻认识与时俱进是马克思主义理论的固有品质,增强理论观点的说服力。第二,联系当前国际国内的社会实际,帮助大学生了解国内外形势的发展,理解和掌握党和政府所采取的路线、方针、政策。第三,联系大学生身边的实际。帮助大学生正确处理生活中可能遇到的矛盾和问题。第四,联系大学生的思想实际。帮助大学生解决思想困惑,提高思想认识。尤其是对大学生所普遍关注的国内外重大现实问题,要做到心中有数,尽量结合讲授。第五,联系教师本身的实际。教师只有真信真懂真用真情,才能使思想政治理论课既有现实性、时代感,又有感染力、说服力。

2.灌输与启发相结合的特点

课堂教学法是高校思想政治理论课教育教学的基本形式和主要方法。这种课堂讲授是一种理论灌输方式。在高校思想政治理论课教育教学中,进行系统的马克思主义理论灌输,是由思想政治理论课的政治性和方向性原则所决定的,也是符合世界观、人生观、价值观形成的基本规律的。

一段时期以来,我们一谈到"灌输",就把它看作一种僵硬死板的方法,这是一种误解。其实,任何先进的思想理论并非人们天生具有,而只能是在后天的社会生活中通过一定形式的社会实践活动获得的。作为马克思和恩格斯创立的代表人类先进思想的理论结晶的科学社会主义理论体系,当然更不可能在群众的头脑中自发产生。因而,重视对工人阶级的政治理论教育,是马克思主义的一贯原则,并且这种教育只能在革命的实践中才能实现。

列宁第一次明确提出了思想政治教育的"灌输"原则。他认为,马克思主义是科学的理论体系,不可能在工人运动中自发地产生,必须由无产阶级先锋队把这种科学理论体系"从外面灌输进去",以实现社会主义理论同工人运动的结合。列宁指出:"工人本来也不可能有社会民主主义意识。这种意识只能从外面灌输进去。"通过党的积极主动的宣传、教育和引导,使工人群众成为有觉悟的、自觉的战士。无产阶级政党应该有计划地向人们传授社会主义意识,以革命的、科学的意识形态占领思想阵地、武装人们头脑,使之树立正确的世界观。坚持马克思主义灌输论的重要意义在于坚持以马克思主义为指导思想,使马克思主义深入人心、代代相传。这也是思想政治理论课进行马克思主义理论灌输的重要意义。

在高校思想政治理论课教育教学中"灌输"马克思主义,并非要强"灌"硬"输"。它与那种"填鸭式""满堂灌"的教学方法不同。要使所灌输的内容同大学生产生心理上思想上的共鸣,这就必须采取灌输与启发相结合的教学方法。这是与马克思主义一贯主张思想教育只能贯彻指导方

高校党建与思想政治工作研究

针,不能搞强制压服是一致的。如果说,灌输式教学是思想政治理论课方向性原则的要求,那么,启发式教学则是其思想性与科学性原则的要求,也是符合学校教学目的要求和学生学习活动规律的。启发式教学是调动学生学习的主动性,激发其学习潜能,培养其独立思考和研究能力的教学方法。启发式教学更能促进学生消化所学知识并使之向能力转化。在高校思想政治理论课教学中,必须善于运用启发式教学,对一些较为抽象的理论,往往采取由浅入深、环环相扣、层层深入的讲授方式,以便学生理解和接受。这种教学方式,是由具体事例引出抽象原理和普遍真理,使学生的思想认识由浅入深、逐步深入,因而产生较大的启发作用和教育意义。

3. 原理抽象阐释与案例形象具体相结合的特点

原理阐述是理论型课程教学的基本方法,是对课程体系中的基本概念、原理、定律、规律和基本理论观点进行逻辑推演、严密论证、系统阐述的方法。高校思想政治理论课教育教学的内容博大精深,是集科学性、思想性、阶级性、实践性于一体的逻辑严密的理论体系。其中包含有许多基本概念、基本原理、基本规律和基本的理论观点,这些基本的理论内容,不仅需要全面地了解认识,而且应该准确地掌握运用。因此,在思想政治理论课教学中采用原理阐述的讲授方法是非常必要的。这种方法注重概念的准确界定、原理的科学论证、理论的逻辑推演、体系的完整一致,其优点是能培养学生严谨的治学态度,提高其逻辑思维能力,使其具有扎实的理论功底,便于学生准确完整地理解和掌握高校思想政治理论课教育教学的基本理论内容。

所谓案例形象具体的教学方式,就是通过选择具有典型代表性的具体实例,借助形象思维,帮助学生认识和理解某一基本原理或思想观点的教学方法。形象思维是通过生动具体的感性形象和观念形象,借助联想、类比、想象等方法,对形象信息进行加工处理,以认识和反映客观事物的思维方法。形象思维具有直观性、具体性、生动性、整体性和相似性的特点,能将具体事物的形象活灵活现地展现在人的脑海中,使人如亲临其境,能直接形成对事物整体形象的认知。形象思维大多以事物与事物、现象与现象之间的相似性为基础,展开联想、类比、想象,通过个别事物的形象,认识同类事物的共性特征,还能给人以美的享受,具有艺术感染力。运用案例从感性材料入手进行生动形象的讲述,有助于概念、原理和观点等抽象理论的阐发、说明和理解,比那种就概念讲概念、就原理讲原理的教学效果要好得多。采用案例形象具体的教学方式,能促使思想政治理论课教学更多地关注现实社会和生活实际,避免脱离实际的本位主义;能加强师生间的双向交流,有针对性地解决学生的思想问题,教学形式灵活,便于学生参与,避免了那种传统的单向式,甚至照本宣科式的教学模式。

4."以理服人"与"以情感人"相结合的特点

"以理服人"是指以理性的态度,使用概念、判断、推理等逻辑的思维方法和辩证的思维方法来表达思想观点或者意愿态度。"以情感人"是指在表达思想观点或者意愿态度时,要投入真情实感,与教育对象之间要有情感交流,使情与理自然地结合起来。从理智和情感二者的特性和作用看,理智具有控制情感、主导思维活动的作用。人的思维活动包含着理性思维和非理性思维两种因素,理智属于理性思维范围,情感属于非理性思维范围。从本质上讲,理性的动物是有理智,也是有情感的动物。

我们强调思想政治理论课教学要采取"以理服人"与"以情感人"相结合,就是强调不要人为地割裂理智与情感的辩证关系,要遵循其协调合作的规律,自觉地驾驭调控,充分发挥理智和情感综合产生的积极效应。在思想政治理论课教学中,正确处理理智与情感的关系,教师首先应自觉以理性和理智为主导。这不仅是因为理智本身对于人的重要性,而且是由思想政治理论课教学内容的科学性、思想性、理论性所决定的。没有理智的主导作用,教师不能理智地表达教学内容,就无法使学生对思想政治理论课教学内容有系统的深层次的理解和把握,也无法使学生自觉地运用和坚持马克思主义,自觉地辨别和抵制各种错误思潮的冲击。

以理性思维为主导,并不意味着人的非理性思维和人的情感无足轻重。丰富的情感和高尚的情操是一个人综合素质的表现,因此,对大学生进行情感教育是素质教育,也是思想品德教育的重要内容。在思想政治理论课教学中强调情感投入,就是要充分发挥思想政治理论课教学在情感教育中的作用。教师的情感投入实际上也是情感教育法的具体运用。它体现了多种形式的情感教育方式。情感教育是指通过创设各种情境、调动人的情感,使教育对象从中受到感染熏陶的方法。它包括"以情动人""以情启情""以境育情"等多种形式。思想政治理论课教学中教师的情感投入,可以达到这几种形式的综合运用。思想政治理论课教学中,教师若不投之以"情",不仅无法调动和培养学生的情感,不能与学生进行必要的情感交流,更不可能达到"以情动人""以情启情""以境育情"的教育效果。

但就高校思想政治理论课教学应起的作用来讲,至少应注意发挥理性的力量和情感的力量,把"以理服人"与"以情感人"结合起来。这种结合要求思想政治理论课教学,既要充分发挥马克思主义作为科学的理论体系本身所具有的说服力,也要充分运用各种教学手段和表达方式增强其说服力;既要发挥教师对马克思主义的坚定信念和真实情感的人格感染力,也要发挥教师对受教育者真诚关爱和循循善诱的教育感染力。思想政治理论课教学中,采取理智表达与情感投入相结合的教学方法,就是为了发挥这种说服力和感染力,是在具体实施"以理服人"与"以情感人"的结合。"理智表达"有利于讲清科学理论的真理性、价值性,展现科学理论的逻辑性、深邃性等特点,使之对人们理性思维和认知能力的引导提升作用充分发挥出来。而"情感投入"则有利于使受教育者在声情并茂、生动活泼、情趣盎然的情境中理解抽象高深的理论,增强对科学理论的真理性和价值性的认同感、信服力。俗话说的"情到理方至,情阻理难通"就是这个道理。总之,把理智表达与情感投入结合起来,能进一步促进大学生按"知、情、信、意、行"的变化规律,形成马克思主义的世界观和方法论。

二、高校思想政治理论课教学的具体方法体系举要

关于高校思想政治理论课教学方法体系构建的基本类型和主要内容的研究,学术理论界和思想政治理论课教学工作者对思想政治理论课教育教学的具体方法研究和探索较多。高等学校思想政治理论课所有课程都要加强实践环节,把实践教学与社会调查、志愿服务、公益活动、专业课实习等结合起来,通过形式多样的实践教学活动,提高学生思想政治素质和观察分析社会现象的能力,深化教育教学的效果。要改进和完善考试方法,采取多种方式,综合考核学生对所学内容的理解和实际表现,力求全面、客观反映大学生的马克思主义理论素养和道德品质。这里将从高校思想政治理论课教育教学的具体方法上,简要阐释高校思想政治理论课教学方法体系的主要内容。

(一)课堂讲授法

课堂讲授法是古今中外教学活动中最常用的教学方法,也是高校思想政治理论课教育教学最基本的教学方法。课堂讲授法是教师运用语言向学生系统而连贯地传授科学文化知识的方法,又称口述法、课堂讲授法、系统讲授法等,是课堂教学中最常用、最基本的教学方法。根据教学内容及其讲授方式的不同,讲授法可以分为讲述、讲解、讲读、讲演等方式。讲述是指教师用口头语言描述知识背景,叙述事实材料,适用于各种学科;讲解是为帮助学生了解背景知识、理解知识本质、掌握知识特征而对知识进行的说明、解释、分析或论证;讲读是进行语言教学和文章分析的方法,适合于自学能力与研究能力较低的学生;讲演适合于传授最新的学科发展知识,适合于抽象程度高、内容复杂的知识。

课堂讲授法最早可以追溯到雅典剧院的兴起和柏拉图学园,是古今中外教学活动中最常用的教学方法。即便到了信息化高度发达的今天,仍然是课堂教学中使用最频繁、最普遍的教学方法。课堂讲授法之所以能够拥有这样旺盛的生命力,从古代一直延续至今,是因为讲授法具备其他教学法所不具备的独特优势。

第一,传授知识容量大。讲授法可以有计划、有目的地借助各种教学手段在较短时间内传授给学生较多的知识信息,教学效率相对较高。第二,教学成本低。讲授法主要靠教师对学生的口语相传,基本不受教学条件的限制,省时省力,教学成本较低。第三,有利于教师对课堂的掌控。在讲授教学法中,教师是课堂的主导,教师合乎逻辑的分析、论证,生动形象的描绘,有利于发展学生的智力和对学生进行思想教育,能充分发挥教师的主导作用。第四,系统性强。教师通过系统的知识讲授,有利于解决大多数学生面临的疑难问题,还可以通过增加或删减其中的某些内容以适应教材或学生的变化。第五,适用范围极其广泛。不管是在现代化信息技术高度发达的城市学校,还是在偏远落后的山区学校,教师都可以利用现有的条件进行较为有效的讲授。讲授法还不受学科、年级的限制。适用于各层次、各年级、各学科的教学之中,其他各种教学方法实际上都是在讲授的基础上或围绕讲授而结合进行的,并由讲授居主导地位。例如,演示法必须伴有讲授;实验法必须在教师讲授指导下进行;体验式的学习也需要有教师讲授和解说的基础等。因此,讲授技能是教师运用教学方法的基本功,也是提高课堂教学质量的重要手段。

当然,课堂讲授法也存在着许多缺点和不足:第一,不利于发挥学生的主动性。由于在讲授法教学中,教师占主导地位,教师对课堂有极强的控制力,学生很容易处于被动的地位。所以,教师与学生、学生与教材、学生与学生之间的交流极少,不利于发挥学生的学习积极性和主动性。第二,不利于学生的个性发展。由于教师运用讲授法教学,面向全体学生,较难照顾学生的个别差异。所以,这也不利于学生的个性发展和培养。第三,操作不当容易走向"注入式教学"的误区。讲授法和注入式教学有共同的地方,即教学过程都是教师讲、学生听。如果教师没能很好地把握讲授技巧,很容易造成机械性的讲授,久而久之,会导致学生丧失学习的主动性,依赖于教师传授,满足于简单记忆。最后,步入注入式教学的误区。

(二)启发式教学法

启发式教学法,是教师根据教学要求和学生的实际,灵活运用各种教学原则,充分调动学生的学习积极性,启发学生积极思维,提倡学生自己动脑、动口、动手去获取知识,引导学生分析问题和解答问题,使学生既能理解知识又能开发智力的一种教学方法。启发式教学法是调动学生学习的主动性,激发其学习潜能,培养其独立思考和研究能力的教学方法。

启发式教学符合学校教学的目的要求和学生学习活动的规律。学校教学的目的是要通过教师的"传道、授业、解惑",提高学生终身自我教育的能力,要求教师应"授人以渔",而不只是"授人以鱼"。而启发式教学,更能促进学生消化所学知识并使之向能力转化。能否激发出学生的学习潜能、培养学生独立自主地思考问题的能力、调动学生参与研讨、交流思想的积极主动性,是实施启发式教学的关键。

在思想政治理论课教学中,许多教师都很重视对学生的启发引导,对一些较为抽象的理论,往往采取由浅入深、环环相扣、层层深入的讲授方式,以便学生理解和接受。这种教学方式,是由具体事例引出抽象原理和普遍真理,使学生的思想认识由浅入深、逐步深入,因而能产生较大的启发作用和教育意义。

启发式教学法要求教师有扎实的理论功底和深厚的知识底蕴,对现实社会和大学生思想特点有一定程度的了解和研究,有引导学生思维和驾驭课堂讨论的能力,有敏锐的感悟力、洞察力和较强的说服力,能与学生平等交流、坦诚相待。在实施启发式教学过程中,要明确教学的目的和要求,教学形式要和课程内容紧密统一;注意学生与环境的和谐互动,激发学生的求知欲;充分认识学生主体的不完备性,充分做好课前准备,及时总结经验。在问题的引导下要灵活运用各种教学原则,使用分析与综合、演绎与归纳的方法进行启发。常采取的方法有直接启发、反面启发、观察启发、情境启发、判断启发、对比启发、扩散启发等。

(三)参与式教学法

参与式教学最初是英国的一套社会学理论,目的是吸引受国际援助

高校党建与思想政治工作研究

的当地人最大限度地参与援助项目,使国际援助获得成功。后来被引进教学领域,形成现在比较盛行的一种新型教学法。它对于充分调动学习者的积极性,培养学习者的创新精神起着重要作用。

参与式教学法的核心理念有三个:第一,突出学生的学习主体地位。参与式教学法强调学生要通过各种途径参与教学活动,发挥学生作为学习的主体地位,实现"教"与"学"的互动,突出"学"的中心地位。体现了师生两个主体在"教"与"学"之间相互参与、相互激励、相互协调、相互促进的和谐关系,为学生内在潜力和创造力的激发提供前提条件。第二,强调体验是最有效的学习手段。参与式教学法就是强调学生要亲自参与教学活动,而不能满足于作为一个"看客"或"听客",在参与中通过自身体验尽快增长知识、提高能力和素质。第三,以学生的能力培养为核心。在参与式教学中,更侧重于知识的运用和学生能力的培养,而不仅仅是学生的知识增量。学生不再是被动接受知识的容器,而是一个知识的主动探索者。在参与过程中,学生收集资料、分析资料的能力,学生的逻辑思维能力、写作能力、口头表达能力、独立思考能力等都将得到锻炼与提高。

在高校思想政治理论课实施参与式教学法的过程中,通常使用的方法有分组讨论、主题讲演、案例分析、双向提问、观看录像带、创设情境、角色扮演、主题发言法、座谈、设问法、小组社会实践调查法、课堂诗词朗诵法等参与式创新教学模式。思想政治理论课教师实施参与式教学法,要注意处理好以下问题:第一,教师"主导"地位与学生"主体"地位的关系问题。参与式教学过程中,教师应处于"主导"地位,学生应处于"主体"地位。第二,形式与效果的关系问题。进行参与式教学,要避免纯粹为了课堂热闹、学生高兴而盲目采取某些形式;也要避免虎头蛇尾,任务布置具体详细,完成之后草草收尾,要找好教学形式与教学内容的结合点。第三,要做好合理的设计。参与式教学法通过合理、活泼、多样化的教学活动设计,不断激发大学生学习过程中的主动性和积极性,使大学生顺利产生符合教学需要的内在动机,强化学生的内在激励。

(四)探究式教学法

所谓探究式教学,就是以探究为主的教学,又叫"研究式教学"。这种以探究为主的教学,是在教师指导下学生对于知识的自我探究。"探究式教学"一词是在20世纪50年代由美国芝加哥大学的施瓦布教授在"教育现代化运动"中首次提出的。施瓦布认为学习科学"不在于占有的信息,而在于拥有的探究能力",这需要强调学生的主体性地位,给予学生足够的自由。"如果要让一个学生一直保持对变化的科学的兴趣,那他需要发展自主学习的能力和兴趣。"施瓦布说:"如果要学生学习科学的方法,那么有什么学习比通过积极地投入探究的过程中去更好呢?"探究教学的内涵是指教学过程是在教师的启发诱导下,以学生独立自主学习和合作讨论为前提,以现行教材为基本探究内容,以学生周围世界和生活实际为背景和参照对象,为学生提供充分自由表达、质疑、探究、讨论问题的机会,让学生通过个人、小组、集体等各种解难释疑尝试活动,将自己所学知识应用于解决实际问题的一种教学形式。高校思想政治理论课探究式教学,就是使学生在教师的引导下,通过自己的探究成为有知识、有智慧、有能力、有素质、有社会责任感的人。因此,思想政治理论课探究式教学除具有可操作性、简约性、针对性及整体性等教学模式的一般特征外,更具有以下独有的特征:第一,探究式教学的问题性。探究式教学是以问题为导向的教学。问题是探究的基础和前提,探究是解决问题的手段和必经过程。因此,发现问题是起点,解决问题是终点,没有问题,也就没有探究式教学。授人以鱼,不如授人以渔。学生在发现问题、解决问题的过程中,通过调查、收集、制作、观察等方法亲自得出结论,使学生得到了问题解决过程的要点和方法,不断获得新的顿悟和理解,这将对学生终身受用,同时这也应该是培养创新人才的本质目的所在。第二,探究式教学的自主性。自主性是探究式教学的主要标志。学生在教师的指导下,根据自己的学习和社会生活自主地选择合作伙伴,自由选择如何搜集查询资料,如何通过自己的研究方法和研究过程获取知识,得到自己想要的结果。第三,探究式教学的平等性。探究式教学是提出问题的过程,是解决问题的过程,是科学探索的过程。因此需要强烈的科学精神和平等意识。

现阶段对探究式教学模式概括为"三段五步",即将整个探究式教学过程分成三个大的阶段:设疑、质疑、释疑。针对教学内容的不同,应采用具体的适应实际环境的探究式教学方法,但基本可将具体步骤概括为以下五步:创设问题情境—提出问题—主动探究—生生、师生合作解疑—反思。即首先由教师创设问题情境,然后提供开放的环境供师生共同探讨提出问题,围绕问题在教师的指导帮助下由学生进行自主探究,在探究中产生的疑问由师生合作解答,最后进行反思总结。高校思想政治理论课探究式教学模式,需要通过具体的教学实施策略来体现。有效地实施探究教学需要教师审慎地处理好四个方面的工作,即确立探究主题、提出探究问题、引导探究过程和评价探究活动。而要做好探究教学的这几项工作,教师就需要讲究一定的策略。

(五)专题式教学法

专题式教学法是指教师改变按章按节进行授课的习惯,立足于实际,从学生的思想实际和社会的现实问题去提炼和确立教学专题进行讲授。这种方法融多种功用于一身,即系统传授马克思主义理论与思想政治理论,透析社会热点、难点问题,介绍前沿成果,传播社会信息,弘扬社会主义主旋律,帮助学生答疑解惑并引发深入思考,从而提高学生理解、认识、分析问题的能力。它能够较好地协调马克思主义理论体系与"公共理论课"教材结构之间的关系,既有着对学生进行理论灌输的强制性,又使这种强制性在一种潜移默化中进行,这一方法以社会实际、学生思想实际为切入点,紧紧把握时代脉搏,每一专题都是现实的活生生社会的一个侧面的浓缩。这种教学方法的主要特点是:"深""实""活"。"深"即要求教师专题讲授内容所涉及的知识领域要广,理论层次要深,传输给学生的理论信息要前卫。"实"就是教师在结合社会实际、学生思想实际、教材结构实际的基础上进行选题,以能够帮助学生解决思想上急需解决的问题和提高教学效果为宗旨。"活"即一方面指教师选题一定要动态地适时调整,保证选题的新颖;另一方面指教师课堂教学组织方式比较灵活多样,目的就是达到专题式教学的预想效果。这种教学方法的优点是：问题集中，重点突出，抓住学生中存在的热点、难点问题进行深入和透彻的分析；围绕一个主题在理论与实践两方面扩展，知识量、信息量大，感染力强；改变照本宣科的讲授方式，课堂气氛活跃。

（六）案例教学法

所谓案例教学法，又称情景教学法、情景仿真法。是为了达到一定的教学目的，学生在教师的引导下围绕着教师所提供的案例进行阅读、分析、评判和讨论，得出结论或解决问题的方案，深化对相关原理的认知和对科学知识的系统掌握，进而渐渐归纳并领悟出一个适合个人特点的有效的思维路线和思维逻辑，获得处理新问题和解决新矛盾的针对性综合技巧的一种教学方法。

在高校思想政治理论课教育教学中采用案例教学法，能促使思想政治理论课教学更多地关注现实社会和生活实际，避免脱离实际的本本主义；能加强师生间的双向交流，有针对性地解决学生的思想问题，教学形式灵活，便于学生参与，避免了那种传统单向式的、有的甚至是照本宣科式的教学模式。

高校思想政治理论课案例教学的操作模式是一个具有内在逻辑性的理论体系，包括教学内容的提炼，教学案例的选编，思考讨论题目的设计，教学案例的呈现、课堂讨论的组织、点评和总结，案例分析报告的撰写，课后教学反思等逐次递进、环环相扣的一系列教学环节。由于思想政治理论课课程性质的特性，在具体运用和组织实施案例教学过程中，操作模式也应当多样化，既可以从阐述原理开始，在原理阐述过程中，通过分析具体实例对原理加以论证说明，引导学生学以致用；也可以从列举具体实例出发，经过引导学生分析案例，启发学生思考，把接下来所要讲授的内容引出来，推导出要阐明的理论原理。教无定法，不同课程门类和章节内容、不同授课阶段可采用不同的操作方式，由任课教师根据教学主题灵活掌控。过分追求操作模式的规范性和程序化，只能是事倍功半。

(七)实践教学法

党和政府历来高度重视实践育人工作。坚持教育与生产劳动和社会实践相结合是党的教育方针的重要内容。坚持理论学习、创新思维与社会实践相统一,坚持向实践学习、向人民群众学习,是大学生成长成才的必由之路。进一步加强高校实践育人工作,对于不断增强学生服务国家服务人民的社会责任感、勇于探索的创新精神、善于解决问题的实践能力,具有不可替代的重要作用;对于坚定学生在中国共产党领导下,走中国特色社会主义道路,为实现中华民族伟大复兴而奋斗,自觉成为中国特色社会主义合格建设者和可靠接班人,具有极其重要的意义;对于深化教育教学改革、提高人才培养质量,服务于加快转变经济发展方式、建设创新型国家和人力资源强国,具有重要而深远的意义。

在高校思想政治理论课实践环节的教育教学中,实践教学、军事训练、社会实践活动是实践育人的三种主要形式。第一,要强化实践教学环节。实践教学是学校教学工作的重要组成部分,是深化课堂教学的重要环节,是学生获取、掌握知识的重要途径。思想政治理论课所有课程都要加强实践环节。要把实践育人纳入学校教学计划之中,系统设计实践育人教育教学体系,加强实践教学管理,提高实验、实习、实践和毕业设计(论文)质量。确保实践育人工作全面开展。要深化实践教学方法改革,重点推行基于问题、基于项目、基于案例的教学方法和学习方法,加强综合性实践科目设计和应用,加强大学生创新创业教育。第二,要认真组织军事训练。通过开展军事训练和国际形势教育、国防教育,使学生掌握基本军事技能和军事理论,增强国防观念、国家安全意识,弘扬爱国主义、集体主义和革命英雄主义精神,培养艰苦奋斗、吃苦耐劳的作风。第三,要系统开展社会实践活动。社会实践活动是实践育人的有效载体。社会实践活动的形式主要有社会调查、生产劳动、志愿服务、公益活动、科技发明和勤工助学等。要倡导和支持学生参加生产劳动、志愿服务和公益活动,鼓励学生在完成学业的同时参加勤工助学,支持学生开展科技发明活动。要抓住重大活动、重大事件、重要节庆日等契机和暑假、寒假时段,紧密围绕一个主题、集中一个时段,广泛开展特色鲜明的主题实践活动。

(八)多媒体教学法

多媒体教学法是以多媒体计算机、多媒体制作软件、投影仪和音响为主体教学工具,在教学过程中通过教学设计,运用多媒体计算机处理文本、图形、动画、视频和音频等多种教学信息,把教学内容有机整合起来的一种现代化教育方法。把现代科技手段运用于思想品德课教学中,是当前高校思想政治理论课教学方式、方法改革的新途径,是思想教育主动适应社会发展需要、迎接信息时代挑战的重要措施之一。

多媒体教学方法具有其他教学方法无法替代的优势和特点:第一,多媒体教学手段利用多媒体影像客观真实的特点,拓展教学空间,丰富教学内容,扩大知识领域。多媒体教学可以最大限度地调动尽可能多的有用资源,利用视、听、读、写等功能,可补充大量教材中没有的资料信息,把最新的科研成果引入教学过程。第二,它能调动和培养学生的学习兴趣。多媒体教学手段利用课件直观的特点,使一些传统教学手段下很难表达的、教学内容或无法观察到的现象,通过计算机更形象、生动、直观地显示出来,从而加深学生对问题的理解,提高其学习积极性。第三,多媒体教学手段利用信息传递高效的特点,大大增加了课堂信息量,提高了课堂教学效率,更好地实现了德育知识和信息的即时同步。在网络时代,德育教学知识、资料信息与时代脉搏同步,从而能有效地克服教学内容、资料信息滞后的现象。第四,它能增加师生交流的机会,有利于师生的互动及主体作用的发挥。把网络及多媒体技术直接引入德育课堂教学,建立德育教学过程的即时交互教学或网络化教学新模式,不仅可以实现师生之间知识、资料和信息的双向交流与互动,从而有效地克服在以往德育教学过程中,以教师、课堂为中心的灌输式、简单说教式教学方法的弊端。它能通过网络拉近学生与社会现实的距离,使学生更好地关注社会,增强社会责任感,提升学生解决实际问题的能力。

多媒体教学和网络教学形式的出现,向传统的教学手段、教学方法提出了挑战。教学方式的更新迫切需要教学观念的更新。现在,计算机技术被应用于理论课的课堂教学,对每一个教师都提出了新的要求。它要求理论课教师不仅要掌握一定的计算机操作技术,而且必须更新教学观念,即必须改变过去传统的教学方式在头脑中造成的思维定式,以适应教学方式转变的要求。教学方式的更新也迫切要求教师素质的全面提高。计算机多媒体技术在教学中的应用,向广大"两课"教师提出了新的要求。它要求"两课"教师必须进一步提高自己的科学文化素质,尽快学会运用和掌握现代化的教学手段,了解、掌握计算机的操作技术和多媒体的特点,并在教学和科研中加以实际运用。

(九)思想政治理论课教学的心理学方法

高校思想政治理论课教学的心理学方法是心理学理论和方法在思想政治理论课教学中的运用。高校思想政治理论课教育教学作为对大学生进行德育教育的教学活动,与大学生心理活动关系密切,自然也有应用心理学理论和方法的客观需求。

在高校思想政治理论课教育教学活动中,教师与学生总是在进行着有意识或无意识的心理互动和思想交流。双方在心理互动和思想交流过程中,自然会显现出已经存在的各种心理问题。由于思想政治理论课教学对象是整个大学生群体。这是一个正处于身心发展重要时期的特殊群体,在心理上正处于由不成熟逐步走向成熟的发展阶段。大学生心理发展尚未达到成熟和稳定,心理承受能力和调适能力还比较弱,而其成才愿望又普遍强烈,自我定位往往偏高,当其面对现代社会不断增多的各种压力时,就很容易产生心理困惑和情绪困扰,甚至发生心理障碍。因此,在现代社会里,大学生的心理问题也日益突出。同时,作为高校思想政治理论课教育教学任务承担者,教师的思想观念、心理特征、情感情绪、知识能力以及人格品质,也都会在思想政治理论课教学中比较直接地表现出来,并且会直接影响到高校思想政治理论课教育教学的效果和学生的学习状况。因此,在高校思想政治理论课教育教学中运用心理学的方法,就显得更为重要、更有价值。

在高校思想政治理论课教育教学中,学生表现得比较突出的心理问题主要有以下两种:第一,厌学心理,第二,逆反心理。教师所表现出的比较有代表性的心理问题,主要是以下两方面:第一,在教学方面存在重知识传授、轻品德培养的心理。第二,在科研方面存在重学术价值、轻教育价值的心理。要解决教师和学生的心理误区,都需要遵从心理活动规律,提高对思想政治理论课重要性的认识,采取丰富多彩的教学手段,充分调动师生双方对"两课"教学的注意力,增强"两课"教学的效果。

(十)思想政治理论课教学的艺术化方法

在高校思想政治理论课教育教学活动中,教师除了要改进教学方法,提高教学基本技能外,还必须掌握教学艺术。教学艺术一般是指教师富有创造性地运用多种方法和手段唤起学生学习兴趣,使学生愉快、主动地获得知识,并留下深刻印象的教学方式。教学艺术具有个别性、创造性、审美性等特征。教学艺术具有陶冶功能、激励功能等显著的功能。

根据高校思想政治理论课教育教学的内容、目的和教育对象思想发展的规律,紧密结合群众的思想实际和社会生活的实际,运用富有创造性的方式方法,以切实加强思想理论教育教学的效果,是思想政治理论课教育教学改革的必然要求。思想政治理论课教育教学艺术是指在进行思想理论教育教学过程中,运用艺术化的方法,使内容和形式更加统一和谐,更具感染力和实效性。当前形势下,思想理论教育教学创新的艺术探讨,可以概括为"以真理的力量感召人、以人格的力量感染人、以真挚的情感打动人、以生动的形式吸引人"。

首先,艺术的感染力必须以真理的感召力为基础。马克思说过:"理论只要彻底,就能说服人。所谓彻底,就是抓住事物的根本。"马克思深刻地揭示了只有抓住事物本质的真理性认识,才能说服群众、发展群众,才能变成群众社会实践的巨大物质力量的真理。其次,艺术最本质的东西是以情感人。思想政治理论课教师要以自身的思想道德素质和人格魅力,激励和感染大学生,以对学生和对教育事业真挚的爱,教育和打动学生。最后,掌握和运用生动的教学艺术形式,使用备课艺术、组织教学艺术、教学语言艺术、教学非语言艺术、板书的艺术等各种幽默诙谐和富于趣味性的方式,增强高校思想政治理论课教育教学的生动性和感染力。

在高校思想政治理论课教学方法体系中,除了我们探讨的课堂讲授法、启发式教学法、参与式教学法、探究式教学法、专题式教学法、案例教学法、实践教学法、多媒体教学法、心理学方法和艺术化的方法十种有代表性的方法以外,还包括课堂讨论法、教学录像演示法、"学导式"教学法、系列教学法、尝试教学法、发现教学法、情境教学法、程序教学法等一系列行之有效的教学方法。它们彼此之间相互联系、相互补充、相互贯通、相辅相成,共同构成了高校思想政治理论课教育教学方法论的宏大体系。在这个方法论体系中,共分为四个层次:课堂讲授法是第一层次,它是古今中外教学活动中最常用的教学方法,也是高校思想政治理论课教育教学最基本的教学方法,是整个高校思想政治理论课教学方法体系的基石。课堂讲授法侧重于教师的主导作用。第二层次包括启发式教学法、参与式教学法、探究式教学法。它们都强调和重视学生的主体地位,为学生提供充分自由表达、质疑、探究、讨论问题的机会。启发式教学法重视对学生的启发引导,参与式教学法的核心是学生的学习主体地位,而自主性是探究式教学的主要标志。这一层次侧重学生的主体作用。专题式教学法、案例教学法和实践教学法属于第三层次。专题式教学法围绕一个教学主题,就学生关注的热点问题,在理论与实践两方面进行专题讲授。案例教学法通过代表性的典型事件,提高学生分析问题、解决问题的能力。实践教学法是深化课堂教学的重要环节,是学生获取、掌握知识的重要途径。它们三者都侧重于教师的主导作用和学生的主体作用有机统一。第四层次包括多媒体教学法、心理学方法和艺术化方法等,它们是高校思想政治理论课教学方法体系中必不可少的教学手段和教学方法。许多教师在教学实践中,大胆进行教学方法改革的探索,将上述诸多教学方法加以灵活运用,相互借鉴,取长补短,构建了一套灵活多变、丰富多彩、形式多样的高校思想政治理论课教育教学方法体系。

参考文献

[1]蔡乐才.高校党建与人才培养深度融合创新与实践[M].重庆:西南师范大学出版社,2022.

[2]段晓芳,权良柱,彭庆红.高校党建与思想政治工作创新研究[M].北京:中国社会科学出版社,2022.

[3]侯荣增.提升高校党建的思想政治教育引领作用研究[J].山东商业职业技术学院学报,2018(6):73—76.

[4]胡艺星,周园园.高校党建与思想政治教育有机融合[J].国际援助,2021(23):93—94.

[5]李艺英.新时代高校党建工作发展之路[M].北京:人民日报出版社,2024.

[6]刘继东.新时代高校基层党建工作实务[M].沈阳:辽宁人民出版社,2023.

[7]刘敏.高校党建与思想政治教育的融合发展研究[J].智库时代,2022(41):56—59.

[8]刘映江,李洪洋.高校党建和思想政治教育工作互动路径探究[J].区域治理,2021(7):219—220.

[9]卢元勇.理想信仰教育下的高校党建与思想政治课教学的协同创新路径探索[J].教育现代化,2020(2):22—23.

[10]马鸣扬.高校党建工作与思想政治教育协同共进[M].北京:光明日报出版社,2024.

[11]任伶俐.新形势下高校党建与思想政治教育工作协同发展研究[M].北京:中央民族大学出版社,2024.

[12]师家兴.科学化水平下高校党建思维模式的创新[M].北京:光明日报出版社,2024.

[13]苏云婷.迈向新时代的高校党建与思想政治工作互动[J].理论界,2020(8):87－92.

[14]肖渝,车桂兰,高光宇,等.三全育人下新时代高校党建思政工作实践与探究[M].北京:中国经济出版社,2024.

[15]邢亮.新时代高校党建与思想政治教育浅论[M].北京:新华出版社,2023.

[16]严雯婷.高校党建与思想政治教育协同育人路径的研究[J].就业与保障,2021(8):139－140.

[17]杨珂,刘明哲,范盛然.立德树人视域下高校党建与思想政治教育融合路径探讨[J].中国军转民,2024(10):121－123.

[18]杨瑞.高校党建与思政教育融合发展探究[M].北京:线装书局,2024.

[19]游志云.构建高校党建与思想政治工作的新格局[J].现代企业,2020(11):136－137.

[20]张皓,姜雪.论高校党建与思想政治教育协同育人现状和意义[J].科教导刊(电子版),2017(28):1－2.

[21]张镜怀.高校党建与思想政治教育的融合发展探究[J].新教育时代电子杂志(教师版),2020(45):118－119.

[22]赵昕.新时代背景下高校党建与思想政治工作的思考[J].安徽科技学院学报,2019(4):118－120.

[23]郑夕春.新时代高校党建理论与实践探索[M].成都:西南财经大学出版社,2022.

[24]钟玲会.新时代高校党建与思想政治教育工作融合的育人路径探析[J].延边教育学院学报,2020(4):94－96.